Barbara Hasenbein

D1919807

Von Liebe, Freundschaft und dem Ernst des Lebens

Persen Verlag GmbH

Die Autorin:

Barbara Hasenbein arbeitet als Lehrerin an einer Förderschule Schwerpunkt Geistige Entwicklung.

Gedruckt auf umweltbewusst gefertigtem, chlorfrei gebleichtem
und alterungsbeständigem Papier.

1. Auflage 2008
Nach den seit 2006 amtlich gültigen Regelungen der Rechtschreibung

Illustrationen: Daniela Bühnen
Satz: MouseDesign Medien AG, Zeven

ISBN 978-3-8344-**3772**-3

www.persen.de

Inhaltsverzeichnis

I. Einleitung

Die Idee und Motivation zu diesem Buch entsprang der alltäglichen Situation, jugendliche Schülerinnen und Schüler einer Förderschule zum Lesen zu motivieren und ihre Lesefähigkeiten und ihr Textverständnis zu verbessern.

Bei der Suche nach geeignetem Lesematerial stoße ich auf ein Problem: Die Texte, die unkomplizierte Satzstrukturen und Handlungsstränge sowie einfaches Vokabular aufweisen, handeln von verschwundenen Teddys, kleinen Gespenstern, Hexen oder Indianern. Also wirklich nicht das Richtige für jugendliche Leser, deren Lesemotivation gesteigert werden soll.

Themen aus dem Erfahrungsbereich der Jugendlichen werden zwar in verschiedenen Büchern durchaus angeboten, sind aber nur von einzelnen Schülerinnen und Schülern zu bewältigen. Die Anforderungen an die Lesefähigkeiten der meisten sind so hoch, dass Frust vorprogrammiert wäre.

Daraus also entsprang die Idee, selbst Geschichten zu verfassen, deren Inhalte zu der Erfahrungswelt der Schüler passen und deren Anforderungen an die Lesefähigkeit der Schüler angepasst sind.
Doch diese Lesefähigkeiten variieren schon innerhalb einer Klasse so stark, dass auch das berücksichtigt sein will. Das Spektrum reicht dabei von recht geübten Lesern über Schüler mit eher rudimentären Lesekenntnissen bis hin zu „Nichtlesern“.

Ziel ist es daher, möglichst viele Schülerinnen und Schüler auf ihrem jeweiligen Leseniveau anzusprechen, ihr Interesse durch die jugendnahen Geschichten zu wecken und damit ihre Lesemotivation zu steigern.

Welche Inhalte werden behandelt?

Den **Rahmen** für die Geschichten aus dem Leben jugendlicher Schülerinnen und Schüler bildet die Klasse 9 der Regenbogenschule. Sie wird auf den Seiten 7–8 in Form eines Gruppenbildes und einer kurzen Charakterisierung jeder Person vorgestellt. Es handelt sich um zwölf Schülerinnen und Schüler im Alter von 15 bzw. 16 Jahren sowie zwei Lehrpersonen.
Diese **„Vorstellungsseiten“ können als Einstieg genutzt werden** – sei es, dass nur ein oder zwei der Geschichten gelesen und bearbeitet werden sollen oder alle auf dem Programm stehen. Auf diese Weise können sich die Schülerinnen und Schüler gleich zu Beginn ein Bild von den in den Geschichten agierenden Personen machen und so einen Bezug zu ihnen herstellen.
Sinnvoll erscheint meiner Erfahrung nach ein Tafelbild oder Plakat, auf dem das Gruppenbild mit den Kurzbeschreibungen der Personen (S. 7–8) als dauerhafte Erinnerungshilfe im Klassenraum festgehalten wird.

Es schließen sich **fünf Geschichten** an, in denen jeweils ein oder zwei Schüler der Klasse 9 im Mittelpunkt stehen bzw. von Erlebnissen berichten, die sie besonders bewegt haben. Dabei werden **Thematiken** behandelt, **die für viele Jugendliche von Interesse sind:**

Auf den ersten Blick	(Verliebt sein)
Zu viel ist zu viel	(Eifersucht)
Echte Fans	(Gemeinsam etwas erreichen)
Zugegriffen	(Diebstahl: Zerreißprobe für eine Freundschaft)
Hoffnungslos?	(Arbeitslosigkeit; Freundschaft)

Alle Texte weisen **klare Handlungsstränge** auf. Die **einfachen Satzstrukturen**, das **zeitgemäße Vokabular** sowie die **zweispaltige Darstellung** kommen den Lesefähigkeiten der Schülerinnen und Schüler an Förderschulen entgegen. Die **bildliche Darstellung der Geschichten** orientiert sich an den Sinnabschnitten der Texte und unterstützt somit die Sinnentnahme der gehörten oder gelesenen Geschichte. Durch die Bilder können so auch **Nichtleser** an der Geschichte **beteiligt** werden.

Welche Materialien werden angeboten?

Die Geschichten können auf folgende Weisen bearbeitet werden:

Materialien zur Erarbeitung der Geschichte:

- Ein **anspruchsvollerer Text**, der von geübteren Lesern bewältigt werden oder aber vom Lehrer vorgelesen werden kann

- Ein **vereinfachter Text** für ungeübtere Leser
- Jeweils **Bilder** zu den Sinnabschnitten der Geschichten (zur Unterstützung der Sinnentnahme bzw. zum Einsatz bei „Nichtlesern")
- **Fußnoten** mit Hinweisen für die Aussprache schwieriger Wörter (z. B. Cool = Kuul)

Materialien zur Beschäftigung mit der Geschichte:

- **Verständnisfragen** zur Geschichte mit **Multiple-Choice-Antworten**
- **Verständnisfragen** zur Geschichte mit **Leerzeilen zur Beantwortung**
- **Lückentexte in zwei Schwierigkeitsgraden** mit Wörterlisten (die Wörter können abgestrichen und handschriftlich eingetragen oder ausgeschnitten auf einen größer kopierten Lückentext geklebt werden)
- **Dominos in drei Schwierigkeitsstufen** (die Geschichten können in Text-Bild- bzw. Bild-Bild-Zuordnung „rekonstruiert" werden)

Hinweis: Die Text-Bild-Dominos der zweiten Schwierigkeitsstufe lassen sich in geordneter Form hervorragend als vereinfachte Lesetexte einsetzen.

Welche Bearbeitungs- und Einsatzmöglichkeiten bieten sich an?

Für den Einsatz der Text- und Materialsammlung im Unterricht bieten sich u. a. folgende Möglichkeiten an:

- Die gängigste Form ist sicherlich der Einsatz im **Klassenunterricht**, bei dem die Geschichten nacheinander in der Großgruppe er- und bearbeitet werden.
- Nach einem gemeinsamen Einstieg mithilfe des Gruppenbildes und der Kurzcharakterisierung (S. 7–8) könnten sich aber auch **Partner- oder Kleingruppen** zusammenfinden, die jeweils eine der Geschichten erarbeiten und später in der Großgruppe vorstellen.
- Die Materialien können **geschlechtsspezifisch** angeboten werden, um den unterschiedlichen Interessen der Jugendlichen Rechnung zu tragen.
- Die Geschichten können als **Einstieg oder Grundlage für** die Beschäftigung mit **„Problemthemen"** dienen.
- Das **Anlegen eines Lesebuches** für die Klasse oder jeden Schüler/jede Schülerin kann zusätzlich motivieren.
- Insbesondere die Dominos, aber auch die anderen Materialien lassen sich im Anschluss an die Erarbeitung der Geschichten **als Freiarbeits- oder Wochenplanaufgaben** nutzen. Dazu können die Dominoteile ausgeschnitten und laminiert werden, um mehrfach verwendbar zu sein.
- Die Schülerinnen und Schüler können **eigene Geschichten zu den Personen** aus der Regenbogenschule **erfinden**.

1. Kurzbeschreibung der Personen – Klasse 9 der Regenbogenschule

Herr Albrecht
- cooler Lehrer, der eigentlich immer die Ruhe bewahrt
- nur mit der Technik hat er es nicht so ...

Dirk
- bester Freund von Kai
- er ist ruhiger und vernünftiger als sein Freund

Kai
- bester Freund von Dirk
- netter Typ, aber manchmal etwas unvernünftig

Anna
- beste Freundin von Lena
- immer gut gelaunt
- verlässlich

Lena
- mit Anna befreundet
- sehr verträumt
- recht eifersüchtig

Andi
- cooler Typ
- viele Mädchen finden ihn toll
- ist treu

Tim
- hat sich mit Andi angefreundet
- bewundert ihn, weil er auch gern so cool wäre

Frau Mendel
- nette Klassenlehrerin
- immer etwas hektisch
- eine gute Stimmung in der Klasse ist ihr wichtig

Verena
- hat keine Freunde in der Klasse
- ihr Aussehen ist ihr auch wichtiger

Uli
- guter Freund von Ben und Alex
- mag Fußball
- er hat auch mal ein Auge auf die Sorgen anderer

Ben
- guter Freund von Uli u. Alex
- er isst sehr gern und ist etwas rundlicher
- das macht ihm aber nichts

Alex
- guter Freund von Uli u. Ben
- redet viel
- wird Quasselstrippe genannt
- wenn er Sorgen hat, ist er still

Simone
- beste Freundin von Katrin
- eine gute Sportlerin
- steht auf coole Musik

Katrin
- beste Freundin von Simone
- mag die gleiche Musik wie ihre Freundin
- kann gut organisieren

2. Klassenbild

Auf den ersten Blick

Heute fängt die Schule wieder an. Die Sommerferien waren mal wieder viel zu kurz. „Hier im Regen an der Bushaltestelle stehen ist das Letzte!“ Da kommt meine Freundin Anna. Sie hat immer so unverschämt gute Laune.

„Hallo Lena! Na, alles klar?“, begrüßt sie mich. „Morgen!“, brumme ich. „Der Bus kommt! Los, steig ein!“, drängelt Anna und schiebt mich durch die Bustür. Wir setzen uns auf eine Bank und Anna fängt sofort an, mit den anderen Mädchen zu quatschen.

Ich schaue lieber aus dem Fenster ...

„Aber, wer ist denn das?“ Plötzlich bin ich hellwach. Gerade steigt ein Neuer in den Bus und setzt sich auf die Sitzbank vor mir. „Der sieht ja niedlich aus! Wo er wohl hin will?“, grüble ich. Da setzt sich Alex, die Quasselstrippe, neben den Neuen. „Hi, ich bin Alex! Und wer bist du?“, will er gleich wissen. Ich höre genau zu. „Ich heiße Andi“, antwortet der Neue. „Wo kommst du her und wo willst du hin?“, fragt Alex ziemlich neugierig. „Ich bin in den Sommerferien mit meinen Eltern und meinem Bruder hierher gezogen. Heute muss ich zum ersten Mal zu meiner neuen Schule, der Regenbogenschule“, antwortet Andi bereitwillig.

„Cool[1]!“, denke ich, „Das ist ja meine Schule. Ich werde Andi also öfter sehen.“ Meine Laune ist schon viel besser geworden.

In der Eingangshalle der Schule entdecke ich Andi wieder. Ich gehe auf Andi zu. – „Warum nur mein Herz plötzlich so heftig klopft?“

„Kann ich dir helfen?“, frage ich ihn. Erleichtert schaut er mich an und antwortet: „Äh..., ja! Ich suche das Büro vom Schulleiter.“

[1] Cool = kuul

„Kein Problem! Komm mit!", sage ich und zeige ihm den Weg. „Danke!", lächelt Andi mich an und geht hinein. In meinem Bauch kribbelt es und meine Knie sind etwas wackelig.

In der ersten Stunde geht die Tür auf und der Schulleiter kommt herein. Er bringt Andi mit und erklärt: „Das ist euer neuer Mitschüler Andi. Ich hoffe, ihr nehmt ihn freundlich auf." Frau Mendel begrüßt Andi und zeigt ihm seinen Platz.
Als sein Blick auf mich fällt, sagt er: „Hi[2]! Wir kennen uns ja schon, oder?" Mir wird ganz warm und Anna neben mir kichert: „Wieso wirst du denn so rot?" Es ist mir so peinlich. Ich weiß gar nicht, wo ich hinschauen soll.

Andi geht nun also in meine Klasse. Er hat mich gefragt, ob ich ihm die Schule zeigen kann. „Na klar!", habe ich geantwortet, „Das mache ich gern!" In den letzten Wochen waren wir oft zusammen. Ich habe ihm gezeigt und erklärt, wie es an unserer Schule so läuft. Wir hatten viel Spaß dabei. Er kommt auch mit den Jungs in der Klasse gut klar. Ich denke, er hat sich auch schon mit Tim angefreundet.
Aber im Bus setzt er sich immer neben mich. Anna ist deswegen nicht sauer. Aber sie zieht mich ständig auf. Sie sagt dann: „Na, wo ist denn dein Andi?" oder „Da kommt dein Liebster!"

Ich kann aber auch ernsthaft mit Anna über Andi sprechen. Sie weiß, dass ich gerne mit ihm zusammen bin, dass es in meinem Bauch kribbelt, wenn ich ihn sehe, und ich es nach dem Wochenende kaum erwarten kann, ihn montags in der Schule wiederzusehen.
Anna meint dazu: „Ganz klar! Du bist verliebt." Aber ich bin mir nicht sicher. „So fühlt man sich, wenn man verliebt ist?" Ich bin jedenfalls ganz durcheinander.

[2] Hi = Hei

Am Samstagmorgen gehe ich zum Bäcker und hole Brötchen.
Wie immer stehe ich in einer riesigen Warteschlange. Plötzlich flüstert jemand ganz nah an meinem Ohr: „Hi!" Ich bekomme sofort eine Gänsehaut, weil ich genau weiß, wem diese Stimme gehört. Ich drehe mich um und schaue in Andis Gesicht. Am liebsten würde ich ihn umarmen. Ich freue mich so sehr, ihn zu sehen. Aber ich traue mich nicht und bleibe wie versteinert stehen.
Wir kaufen unsere Brötchen und bleiben dann noch eine Weile vor dem Laden stehen. Die Situation ist etwas peinlich. Keiner weiß so recht, was er sagen soll. Da platzt Andi endlich heraus: „Hast du Lust, heute Nachmittag was zu unternehmen? Vielleicht Eis essen?" „Ja, gern!", strahle ich. „Sollen wir uns um 3 Uhr hier wieder treffen?" „Gut! Um 3 Uhr also!", bestätigt Andi. Er dreht sich um und geht pfeifend nach Hause.

Ich jubele und weiß gar nicht, wohin mit meinem Glück. Zu Hause habe ich gar keinen Hunger mehr auf die Brötchen. Mein Bauch fühlt sich an, als wäre er voller Schmetterlinge. Ich will nur noch in mein Zimmer und vor den Spiegel.
Ich probiere tausend Sachen aus, aber zum Schluss entscheide ich mich doch für Jeans[3], T-Shirt[4] und meine normale Frisur. So kennt Andi mich und ich glaube, so mag er mich auch. Nur ein wenig Wimperntusche und Lidschatten darf schon sein.

Ich bin pünktlich um drei Uhr am Treffpunkt. Andi wartet schon auf mich. „Hallo!", sagt er und ich glaube, er wird ein bisschen rot.
Wir schlendern zur Eisdiele am Stadtpark und finden einen schönen Tisch unter einem Baum.
Zuerst wissen wir nicht so recht, was wir reden sollen. Dann frage ich. „Wie war es eigentlich an deiner alten Schule? Du hast mir noch gar nichts davon erzählt." Sofort sprudelt Andi los. Er hat viele witzige Dinge zu erzählen und ich höre ganz gespannt zu. „Hast du noch Lust auf einen Spaziergang im Stadtpark?", fragt Andi mich nachher. „Klar!",

[3] Jeans = Djinz / [4] T-Shirt = Tischört

sage ich begeistert, denn ich will nicht, dass der Nachmittag schon zu Ende geht.

Wir gehen nah nebeneinander. Es ist so schön hier mit Andi. Auch wenn wir gerade nicht reden. Wenn sich unsere Arme berühren, ist es für mich wie ein kleiner Stromschlag. Irgendwann bin ich dann ganz mutig und schiebe meine Hand in seine. Andi hält sie sofort fest und lässt sie auch nicht mehr los.

Später bringt mich Andi noch nach Hause. Irgendwie werde ich nun ganz nervös. Wir müssen uns voneinander verabschieden, aber wie?

Still stehen wir voreinander bis Andi meine Hand nimmt. Langsam beugt er sich vor und küsst mich kurz und ganz vorsichtig auf meine Lippen. Dann lässt er mich los, lacht mich an und sagt: „Bis Montag! Ich freue mich schon!“

Ich bleibe noch lange an der Haustür stehen und winke Andi, bis er am Ende der Straße um die Ecke biegt. „Wow[5]! Ich glaub, ich bin wirklich verliebt. Aber das Tollste ist, dass Andi sich auch in mich verliebt hat!“

[5] Wow = Uau

Auf den ersten Blick

Heute fängt die Schule wieder an. „Es regnet und ich stehe hier an der Bushaltestelle. Schrecklich!“ Da kommt meine Freundin Anna. „Hallo Lena!“, begrüßt sie mich gut gelaunt. „Morgen!“, brumme ich. Als der Bus kommt, schiebt Anna mich durch die Bustür. Wir setzen uns auf eine Bank. Anna quatscht mit den anderen Mädchen.
Ich schaue lieber aus dem Fenster ...

Plötzlich bin ich hellwach. Gerade steigt ein Neuer in den Bus und setzt sich auf die Sitzbank vor mir.
„Der sieht ja süß aus!“, schießt mir durch den Kopf. Da setzt sich Alex, die Quasselstrippe, neben den Neuen und fragt ihn aus. Ich höre genau zu. Der Neue heißt Andi und ist in den Sommerferien hierher gezogen. Heute muss er zum ersten Mal in seine neue Schule, die Regenbogenschule.
„Cool![1]“, denke ich, „Das ist ja meine Schule.“ Meine Laune ist schon viel besser.

In der Eingangshalle der Schule entdecke ich ihn wieder. „Kann ich dir helfen?“, frage ich ihn. Erleichtert antwortet er: „Ich suche das Büro vom Schulleiter.“ „Kein Problem! Komm mit!“, sage ich und zeige ihm den Weg. Er bedankt sich und geht hinein. Mit einem Kribbeln im Bauch gehe ich in meine Klasse.

In der ersten Stunde kommt der Schulleiter mit Andi herein. Er soll jetzt auch in unsere Klasse gehen. Andi setzt sich und als sein Blick auf mich fällt, sagt er: „Hi[2]! Wir kennen uns ja schon, oder?“ Mir wird ganz warm und ich werde rot. Peinlich!

[1] Cool = kuul / [2] Hi = Hei

Andi geht nun also in meine Klasse. In den letzten Wochen waren wir oft zusammen. Ich habe ihm gezeigt und erklärt, wie es an unserer Schule so läuft. Wir hatten viel Spaß dabei. Im Bus setzt er sich immer neben mich. Anna ist deswegen nicht sauer. Aber sie zieht mich ständig auf. Sie sagt dann: „Na, wo ist denn dein Andi?" oder „Da kommt dein Liebster!"

Ich kann aber auch ernsthaft mit Anna über Andi sprechen. Sie weiß, dass ich ihn gern habe und dass es in meinem Bauch kribbelt, wenn ich ihn sehe. Anna meint dazu:
„Ganz klar! Du bist verliebt."
Aber ich bin mir nicht sicher. „So fühlt man sich, wenn man verliebt ist?" Ich bin jedenfalls ganz durcheinander.

Am Samstagmorgen gehe ich zum Bäcker. Plötzlich flüstert jemand ganz nah an meinem Ohr: „Hi[3]!" Ich bekomme sofort eine Gänsehaut. Ich drehe mich um und schaue in Andis Gesicht.
Es ist so schön, ihn zu sehen.

Wir kaufen unsere Brötchen und bleiben dann noch eine Weile vor dem Laden stehen. Niemand sagt etwas, bis Andi fragt: „Hast du Lust, heute Nachmittag Eis essen zu gehen?" „Ja, gern!", strahle ich. Wir wollen uns um 3 Uhr wieder treffen.

Ich jubele und weiß gar nicht, wohin mit meinem Glück. Ich will nur noch in mein Zimmer und vor den Spiegel. Ich probiere tausend Sachen aus, aber zum Schluss entscheide ich mich doch für Jeans[4], T-Shirt[5] und meine normale Frisur.

Es ist drei Uhr. Andi wartet schon auf mich. Wir schlendern zur Eisdiele am Stadtpark. Zuerst wissen wir nicht so recht, was wir reden sollen. Aber dann frage ich: „Wie war es eigentlich an deiner alten Schule?" Da kann Andi eine Menge erzählen.

„Hast du noch Lust auf einen Spaziergang im Stadtpark?", fragt Andi mich nachher. „Klar!", sage ich begeistert, denn ich will nicht, dass der Nachmittag schon zu Ende geht.

[3] Hi = Hei / [4] Jeans = Djinz / [5] T-Shirt = Tischört

Wir gehen nah nebeneinander. Es ist so schön hier mit Andi. Wenn sich unsere Arme berühren, ist es für mich wie ein kleiner Stromschlag. Irgendwann bin ich dann ganz mutig und schiebe meine Hand in seine. Andi hält sie sofort fest und lässt sie auch nicht mehr los.

Später bringt mich Andi noch nach Hause. Irgendwie bin ich nervös. Nun stehen wir still voreinander. Langsam beugt Andi sich vor und küsst mich kurz und ganz vorsichtig auf meine Lippen. Dann lässt er mich los, lacht mich an und sagt: „Bis Montag! Ich freue mich schon!“

Ich bleibe noch lange an der Haustür stehen und winke Andi, bis er um die Ecke biegt. „Wow[6]! Ich glaube, ich bin wirklich verliebt. Aber das Tollste ist, dass Andi sich auch in mich verliebt hat!“

[6] Wow = Uau

Beantworte die Fragen in ganzen Sätzen.

1. Wie heißt Lenas Freundin?

____

2. Warum ist Lena im Bus plötzlich wieder hellwach?

____

____

3. Wie heißt Andis neue Schule?

____

4. Was sucht Andi in der Eingangshalle der Schule?

____

____

5. Andi begrüßt Lena in der Klasse. Was passiert mit Lena?

____

____

6. Wer sitzt im Bus neuerdings immer neben Lena?

____

7. Was denkt Anna über Lenas Gefühle zu Andi?

____

____

8. Was denkt Lena zuerst über ihre Gefühle zu Andi?

9. Was passiert beim Bäcker?

10. Was machen Lena und Andi später im Stadtpark?

11. Lena ist beim Spaziergang ganz mutig. Was macht sie?

12. Wie verabschieden sich Lena und Andi?

13. Was ist Lena am Ende ganz klar?

Kreuze die richtigen Antworten an.

Achtung: Manchmal kannst du auch mehrere Antworten ankreuzen!

1. Wie heißt Lenas Freundin?

☐ Anni ☐ Anna ☐ Anne

2. Warum ist Lena im Bus plötzlich wieder hellwach?

☐ Der Bus bremst heftig

☐ Sie wird angerempelt

☐ Ein süßer Junge steigt ein

3. Wie heißt Andis neue Schule?

☐ Wilhelmschule ☐ Regenbogenschule ☐ Sternschule

4. Was sucht Andi in der Eingangshalle der Schule?

☐ Sein Klassenzimmer

☐ Das Lehrerzimmer

☐ Das Büro des Schulleiters

5. Andi begrüßt Lena in der Klasse. Was passiert mit Lena?

☐ Sie guckt weg ☐ Sie wird rot

☐ Sie hält die Luft an ☐ Ihr wird warm

6. Wer sitzt im Bus neuerdings immer neben Lena?

☐ Anna ☐ Alex ☐ Andi

7. Was denkt Anna über Lenas Gefühle zu Andi?

☐ Lena spinnt

☐ Andi ist ihr egal

☐ Ganz klar – Lena ist verliebt

8. Was denkt Lena über ihre Gefühle zu Andi?

- ☐ Ich bin mir nicht sicher
- ☐ Ich mag Andi – mehr aber nicht
- ☐ Ich bin durcheinander

9. Was passiert beim Bäcker?

- ☐ Lena kauft Nussecken
- ☐ Andi lädt sie zu einem Eis ein

10. Was machen Lena und Andi später im Stadtpark?

- ☐ Sie setzen sich auf eine Parkbank
- ☐ Sie machen einen Spaziergang
- ☐ Sie füttern Enten

11. Was passiert im Stadtpark?

- ☐ Lena schiebt ihre Hand in Andis
- ☐ Andi schiebt seine Hand in Lenas
- ☐ Andi lässt Lenas Hand los
- ☐ Andi hält Lenas Hand fest

12. Wie verabschieden sich Lena und Andi?

- ☐ Sie geben sich die Hand
- ☐ Sie umarmen sich
- ☐ Sie küssen sich

13. Was ist Lena am Ende ganz klar?

- ☐ Andi ist sehr nett
- ☐ Wir haben uns verliebt

Auf den ersten Blick

Heute fängt die ______ wieder an.

Ich steige mit meiner Freundin Anna in den Bus und ______ aus dem Fenster.

Plötzlich bin ich ______. Ein Neuer steigt in den Bus.

Er sieht ______ aus. Alex, die Quasselstrippe, ______ ihn aus.

Der Neue heißt ______ und geht jetzt auf meine Schule. „Cool!“

In der ______ der Schule entdecke ich Andi wieder.

„Kann ich dir ______?“, frage ich ihn.

Er sucht das ______ vom Schulleiter. Ich zeige es ihm.

In der ersten Stunde kommt der ______ mit Andi herein.

Andi guckt mich an und sagt: „Hi! Wir ______ uns ja schon, oder?“

Mir wird ganz warm und ich werde ______.

Andi geht nun also in meine ______.

Ich habe ihm gezeigt und erklärt, wie es an unserer Schule so läuft.

Wir hatten viel ______ dabei.

Anna weiß, dass ich Andi gern habe, und meint dazu: “Ganz klar!

Du bist ______.“ Aber ich bin ganz ______.

Am Samstagmorgen gehe ich zum ______.

Dort treffe ich Andi. Es ist so schön, ihn zu sehen.

Wir bleiben noch eine Weile vor dem Laden stehen.
Niemand sagt etwas, bis Andi fragt: „Hast du _____, heute Nachmittag Eis essen zu gehen?“ „Ja, gern!“, strahle ich.

Ich jubele und weiß gar nicht, wohin mit meinem _____.
Ich will mich schön machen für Andi und stehe lange vor dem _____ in meinem Zimmer.

Andi wartet schon auf mich. Wir schlendern zur _____ am Stadtpark. Andi erzählt von seiner alten Schule.
„Hast du noch Lust auf einen _____ im Stadtpark?“, fragt Andi mich nachher. „Klar!“, sage ich schnell, denn ich will nicht, dass der Nachmittag schon zu _____ geht.

Wir gehen nah _____. Irgendwann bin ich dann ganz mutig und schiebe meine _____ in seine.
Andi hält sie sofort _____ und lässt sie auch nicht mehr _____.

Andi _____ mich noch nach Hause.
Nun stehen wir _____ voreinander.
Langsam beugt Andi sich vor und _____ mich kurz und ganz vorsichtig auf meine Lippen.

Ich bleibe noch lange in der Haustür stehen und winke Andi.
„Wow, ich glaub, ich bin wirklich _____.“

Wörterliste

Hauptwörter

Eingangshalle – Klasse – Hand – Lust – Schule – Bäcker – Glück – Andi – Spaziergang – Büro – Spaß – Schulleiter – Eisdiele – Spiegel – Ende

Tätigkeitswörter

küsst – fragt – helfen – kennen – bringt – schaue

Eigenschaftswörter

verliebt – nah – hellwach – fest – süß – durcheinander – los – rot – verliebt

Andere Wörter

nebeneinander

Auf den ersten Blick

Die ____________ sind vorbei. Meine ____________ Anna schiebt mich morgens in den Bus. Ich ______ aus dem Fenster.
Plötzlich bin ich ________.
Ein ______ steigt ein und ich bin ganz neugierig. Er heißt ____ und ist total süß.
In der Eingangshalle der Schule ______ ich ihm das Büro vom Schulleiter.
Andi kommt in meine ______ und ich zeige ihm alles, was wichtig ist.
Wir verstehen uns gut. Als wir uns am Samstag beim ______ treffen, verabreden wir uns für den Nachmittag. Ich bin so ________ und mache mich schön für Andi.
Wir treffen uns um 3 Uhr und gehen in eine ________.
Andi _______ von seiner alten Schule.
Danach machen wir noch einen ___________ und halten uns an den ______.
Zum Abschied gibt Andi mir einen ____. Wir haben uns verliebt!

Klasse – Sommerferien – erzählt – aufgeregt – Bäcker – Spaziergang – zeige – Freundin – Kuss – schaue – hellwach – Händen – Eisdiele – Andi – Junge

Auf den ersten Blick

Anfang

– Ich stehe im Regen an der Bushaltestelle. Da kommt Anna. „Hallo Lena!“, begrüßt sie mich. „Morgen!“, brumme ich. Als der Bus kommt, schiebt Anna mich durch die Bustür. Wir setzen uns auf eine Bank. Anna quatscht mit den anderen Mädchen. Ich schaue lieber aus dem Fenster ...

Plötzlich bin ich hellwach. Gerade steigt ein Neuer in den Bus. Er sieht süß aus. Alex, die Quasselstrippe, fragt ihn gleich aus und ich höre genau zu. Der Neue heißt Andi und er muss heute zum ersten Mal in seine neue Schule, die Regenbogenschule. „Cool“, denke ich, „das ist ja meine Schule.“

In der Eingangshalle der Schule entdecke ich Andi wieder. Mit klopfendem Herzen gehe ich zu ihm. „Kann ich dir helfen?“, frage ich ihn. Er sucht das Büro des Schulleiters. Ich zeige ihm den Weg. Er bedankt sich und geht hinein.
In meinem Bauch kribbelt es und meine Knie sind ganz wackelig.

In der ersten Stunde kommt der Schulleiter mit Andi herein. Er soll jetzt auch in unsere Klasse gehen. Andi sieht mich an und sagt: „Hi! Wir kennen uns ja schon, oder?“ Mir wird ganz warm und ich werde rot. Peinlich!

Andi geht nun also in meine Klasse. In den letzten Wochen waren wir oft zusammen. Ich habe ihm gezeigt und erklärt, wie es an unserer Schule so läuft. Wir hatten viel Spaß dabei. Im Bus setzt er sich immer neben mich. Anna ist deswegen nicht sauer. Aber sie zieht mich ständig auf.

Ich kann aber auch ernsthaft mit Anna über Andi sprechen. Sie weiß, dass ich ihn gern habe und dass es in meinem Bauch kribbelt, wenn ich ihn sehe. Anna meint dazu: „Ganz klar! Du bist verliebt.“ Aber ich bin mir nicht sicher. „So fühlt man sich, wenn man verliebt ist?“ Ich bin jedenfalls ganz durcheinander.

Am Samstagmorgen treffe ich Andi beim Bäcker. Es ist so schön, ihn zu sehen. Wir kaufen unsere Brötchen und bleiben dann noch eine Weile vor dem Laden stehen. Niemand sagt etwas, bis Andi fragt: „Hast du Lust, heute Nachmittag Eis essen zu gehen?“ „Ja, gern!“, strahle ich. Wir wollen uns um 3 Uhr wieder treffen.

Ich jubele und weiß gar nicht, wohin mit meinem Glück. Ich will nur noch in mein Zimmer und vor den Spiegel. Ich probiere tausend Sachen aus, aber zum Schluss entscheide ich mich doch für Jeans, T-Shirt und meine normale Frisur.

Andi wartet schon auf mich. Wir schlendern zur Eisdiele. Zuerst wissen wir nicht so recht, was wir reden sollen. Aber dann erzählt Andi von seiner alten Schule. Da kann er eine Menge erzählen. Später machen wir noch einen Spaziergang im Park. Ich will nicht, dass der Nachmittag schon zu Ende geht.

Wir gehen nah nebeneinander. Es ist so schön hier mit Andi. Wenn sich unsere Arme berühren, ist es für mich wie ein kleiner Stromschlag.
Irgendwann bin ich dann ganz mutig und schiebe meine Hand in seine. Andi hält sie sofort fest und lässt sie auch nicht mehr los.

Andi bringt mich noch nach Hause.
Nun stehen wir still voreinander. Langsam beugt Andi sich vor und küsst mich kurz und ganz vorsichtig auf meine Lippen.

Ich bleibe noch lange an der Haustür stehen und winke Andi. „Wow! Ich glaube, ich bin verliebt. Aber das Tollste ist, dass sich Andi auch in mich verliebt hat!“	**Ende**

Auf den ersten Blick

Anfang

- Die Sommerferien sind vorbei.
- Anna und ich steigen in den Bus.
- Ich schaue aus dem Fenster.

- Plötzlich bin ich hellwach.
- Ein Neuer steigt ein.
- Er ist süß.
- Er heißt Andi.
- Er geht auf meine Schule.

- In der Schule sucht Andi den Schulleiter.
- Ich zeige ihm das Büro.
- Mein Bauch kribbelt.

- Der Schulleiter bringt Andi in die Klasse.
- Andi grüßt mich.
- Ich werde rot.

- Ich zeige Andi die Schule.
- Wir haben Spaß.
- Anna zieht mich auf.
- Sie sagt, Andi ist mein „Liebster“.

- Ich spreche mit Anna über Andi.
- Sie sagt, ich bin verliebt.
- Ich bin ganz durcheinander.

- Am Samstag treffe ich Andi beim Bäcker.
- Ich freue mich sehr.
- Wir verabreden uns zum Eis essen.

- Ich bin so glücklich.
- Zu Hause mache ich mich schön für Andi.

- Wir gehen zur Eisdiele.
- Andi erzählt von seiner alten Schule.
- Später gehen wir spazieren.

- Wir gehen nah nebeneinander.
- Es ist so schön mit Andi.
- Ich schiebe meine Hand in seine.
- Er hält sie fest.

- Andi bringt mich nach Hause.
- Andi gibt mir zum Abschied einen Kuss.

B. Hasenbein: Von Liebe, Freundschaft und dem Ernst des Lebens

- Ich bleibe noch lange an der Haustür stehen.
- Ich winke Andi.
- Wir haben uns verliebt.

Ende

Auf den ersten Blick

3 Uhr?
Bäckerei
D

Zu viel ist zu viel

Lena und ich sind nun schon seit einigen Monaten zusammen.
Es ist toll, mit ihr befreundet zu sein. Einige Jungs aus unserer Klasse beneiden mich richtig. Lena und ich sind oft zusammen und es läuft super. Wir mögen die gleiche Musik und hören manchmal stundenlang unsere CDs gemeinsam an.
Sie findet Fußball zwar nicht so toll, aber manchmal schaut sie trotzdem mit mir Spiele im Fernsehen an.
Liebesfilme konnte ich vorher nicht leiden, aber es macht Spaß, sie mit Lena anzusehen. Wir sind auch schon öfter im Kino gewesen.
Die Actionfilme[1] fand Lena genauso cool[2] wie ich. Sie hat auch nichts dagegen, wenn ich mich mit meinen Freunden verabrede – zum Basketballspielen oder Skateboardfahren[3].

Es gibt nur eine Sache, die mich total nervt: Lena stellt sich ziemlich an, wenn es um andere Mädchen geht. Dabei weiß sie doch, dass die mich gar nicht interessieren.

Morgens im Bus beispielsweise wird Lena ganz still und schaut mich so komisch an, wenn ich Simone grüße. „Da ist doch nichts dabei, oder?"

Heute bin ich mit Tim in der Pause. Lena hat noch Mülldienst mit ihrer Freundin. Ich winke ihr zu, als ich sie auf dem Weg zum Müllcontainer[4] sehe. Sie ist echt süß. Da kommen Karin und Jenny und fragen, ob unsere Klasse am Donnerstag auch ins Theater fährt. „Ich glaub schon!", gebe ich zur Antwort.
Zurück in der Klasse kommt Lena auf mich zu. Ich freue mich, aber sie schaut mich wütend an und meckert: „Na! Was wollten die beiden denn von dir? Oder hast du sie etwa angequatscht?"
Ich bringe nur ein „Äh?" raus.

[1] Action = Äktschen / [2] cool = kuul / [3] Skateboardfahren = Skäjtbortfahren / [4] Container = Kontäjner

Tim versucht zu erklären: „Andi hat nur..." „Halt du dich da raus!", fährt Lena ihn an. Sie setzt sich auf ihren Platz und schmollt. Ich habe keine Zeit, noch etwas dazu zu sagen, denn Frau Mendel ist schon da. „Ich verstehe einfach nicht, was Lena hat. Sie muss doch wissen, wie gern ich sie hab."

Verena wird in unserer Klasse nur „Miss World[5]" genannt, weil sie sich selbst für die Schönste hält. Sie ist immer ziemlich stark geschminkt und legt extremen Wert auf coole[6] Klamotten. Die anderen Mädchen mögen sie nicht besonders. Sie ist ihnen zu eingebildet. Wir Jungs haben bei ihr sowieso keine Chance[7], denn sie steht mehr auf ältere Typen[8]. Aber mit ihrem Freund ist – wie man hört – gerade Schluss. Heute ist Montag und plötzlich steht Verena vor mir: „Sag mal, Andi! Du bist doch in Mathe ganz gut. Könntest du mir mal die letzte Hausaufgabe erklären? Ich kapiere das einfach nicht!", fragt sie. „Wow[9]! ‚Miss World' fragt mich um Hilfe!" „Na klar!", antworte ich und gehe mit ihr zu ihrem Tisch. Sie schlägt das Matheheft auf und ich beginne zu erklären. Aber sie hört mir gar nicht zu. Sie schaut mich nur an und macht mich mit ihrem Grinsen ganz nervös.

In diesem Moment kommt Lena in den Klassenraum und sieht uns. Sofort ist sie da und zischt Verena zu: „Nur weil du keinen Freund mehr hast, musst du jetzt nicht meinen anmachen!" Verena lächelt nur kühl. Ich gehe mit Lena zu unserem Tisch hinüber und sage: „Was ist denn los? Sie wollte doch nur Hilfe bei den Matheaufgaben." „Haha! Wer's glaubt!", ist alles, was Lena noch dazu sagt.

Den Rest des Tages spricht sie kaum mehr mit mir. „Ich glaube ja auch nicht wirklich, dass Verena mich nur wegen Mathe angesprochen hat. Aber das behalte ich lieber für mich."

[5] World = Wörld / [6] coole = kuule /
[7] Chance = Schongs / [8] Typen = Tüpen / [9] Wow = Uau

Heute ist Donnerstag und wir fahren mit der Nachbarklasse ins Theater. Lena sitzt mit Anna, Simone und Katrin in der Mitte der Sitzreihe. Wir Jungs suchen einen Platz am Rand. Die Vorstellung hat schon begonnen, als sich plötzlich Verena auf den leeren Platz neben mir setzt. Sie flüstert mir ständig irgendetwas ins Ohr. Lena bekommt das natürlich sofort mit. Ihre Blicke sprühen Feuer, sie kann aber nichts tun oder sagen, weil Frau Mendel in ihrer Nähe sitzt und dauernd „Psst!" zischt.
„Ich weiß nicht, was ich machen soll. Ich versuche Verena nicht zu beachten, aber ich kann sie doch auch nicht von ihrem Sitz stoßen!"

Draußen in der Eingangshalle des Theaters drängelt Lena sich zu mir durch. Sie hat Tränen in den Augen und zischt mich an: „Deswegen wolltest du also am Rand sitzen! Ihr habt euch wohl verabredet. Glaubst du, ich habe nicht gemerkt, wie sie dich immer ansieht?
Was läuft da eigentlich zwischen euch beiden? Du musst dich langsam mal entscheiden! Entweder sie oder ich!" Sie dreht sich um und ist auch schon verschwunden.
Ich bleibe mit offenem Mund zurück. „Was habe ich denn getan?
Ich konnte doch gar nichts dafür!"
Ich schaue mich um. Alle haben mitbekommen, was Lena hier gerade abgezogen hat. Manche kichern und tuscheln, andere machen ein betretenes Gesicht. „Wie peinlich!"

Entscheide selbst, wie die Geschichte endet. Wähle einen Schluss aus.

① So nicht!

Nicht mit mir!

Ich bin total wütend, denn ich kann doch gar nichts dafür, dass Verena sich an mich rangemacht hat. Nachmittags rufe ich Lena an. Als sie sich meldet, platze ich gleich los: „Das geht so nicht weiter.

Du machst mit deiner Eifersucht alles kaputt. Ich darf keine Mädchen mehr angucken und reden darf ich schon gar nicht mit ihnen."

„Das sah heute im Theater aber nicht nur nach ‚reden' aus. Ihr habt ganz schön geflirtet[10]!", entgegnet Lena spitz. „Siehst du! Du tust es schon wieder!", sage ich verzweifelt. „Du machst aus jeder Mücke gleich einen Elefanten. Da war und da ist nichts mit Verena. Wenn du mir nicht glaubst, dass mich andere Mädchen nicht interessieren, weiß ich auch nicht weiter. Dann muss eben Schluss sein mit uns!" Ich höre, wie Lena tief Luft holt, und warte auf ihre Antwort. Aber sie sagt nichts. Nach einiger Zeit lege ich traurig auf.

Ich glaube, das wars nun!

② Mensch, Lena!

Das halten wir beide so nicht aus!

Nachmittags gehe ich zu Lena. Sie sitzt traurig in der Ecke ihres Bettes. Sie hat sich beruhigt und ich kann endlich mit ihr reden: „Lena, das im Theater ist nicht, wie du denkst! Verena hat sich an mich rangemacht, das stimmt! Aber ich konnte nichts dafür. Außerdem musst du doch wissen, dass ich nur dich mag. Du kannst doch nicht wirklich erwarten, dass ich nie wieder mit anderen Mädchen auch nur rede! Lena, das geht nicht!" Lena schaut mich traurig an und jammert: „Ich weiß, aber ich hab dich so lieb. Ich hab einfach Angst, dass du jemand anderen lieber haben könntest." Ich nehme Lena in den Arm und meine: „Lena, ich hab dich auch sehr gern. Aber es muss aufhören, dass du dir solche Sorgen machst. Das halten wir beide sonst nicht aus!"

[10] geflirtet = geflörtet

Zu viel ist zu viel

Lena und ich sind nun schon seit einigen Monaten zusammen.
Es ist toll, mit ihr befreundet zu sein. Ich glaube, einige Jungs aus unserer Klasse beneiden mich.
Lena und ich mögen die gleiche Musik. Sie schaut mit mir Fußball im Fernsehen an. Und manchmal sehen wir uns auch Liebesfilme an. Wir sind auch schon öfter im Kino gewesen. Lena hat auch nichts dagegen, wenn ich mich mit meinen Freunden verabrede. Es läuft super mit ihr und mir.

Es gibt nur eine Sache, die mich total nervt: Lena stellt sich ziemlich an, wenn es um andere Mädchen geht. Ich darf die nicht einmal grüßen, schon ist sie sauer. Dabei weiß sie doch, dass die mich gar nicht interessieren.

Heute bin ich mit Tim in der Pause. Lena hat noch Mülldienst mit ihrer Freundin. Wir sprechen nur kurz mit zwei Mädchen aus der Nachbarklasse. Sie haben uns gefragt, ob unsere Klasse am Donnerstag auch ins Theater fährt. Zurück in der Klasse kommt Lena dann auf mich zu und meckert: „Na! Was wollten die beiden denn von dir?“ Sie setzt sich auf ihren Platz und schmollt. Ich habe keine Zeit, noch etwas dazu zu sagen, denn Frau Mendel ist schon da. „Ich verstehe einfach nicht, was Lena hat. Sie muss doch wissen, wie gern ich sie hab.“

Verena wird in unserer Klasse nur „Miss World[1]“ genannt, weil sie sich selbst für die Schönste hält. Sie ist ziemlich eingebildet und wir Jungs haben bei ihr keine Chance[2].
Am Montag steht sie plötzlich vor mir: „Sag mal, Andi! Du bist doch in Mathe ganz gut. Könntest du mir mal die letzte Hausaufgabe erklären?“
Aber sie hört mir gar nicht zu, als ich ihr die Aufgaben erklären will. Sie lächelt mich immer nur an. In diesem Moment kommt Lena in den Klassenraum und sieht uns. Sie ist stinksauer und redet den Rest des Tages kaum mehr mit mir.

[1] World = Wörlt / [2] Chance = Schongs

„Ich glaube ja auch nicht wirklich, dass Verena mich nur wegen Mathe angesprochen hat. Aber das behalte ich lieber für mich."

Heute ist Donnerstag und wir fahren mit der Nachbarklasse ins Theater. Lena sitzt mit Anna, Simone und Katrin in der Mitte der Sitzreihe. Wir Jungs suchen einen Platz am Rand. Plötzlich setzt sich Verena auf den leeren Platz neben mir. Lena bekommt das natürlich sofort mit. Ihre Blicke sprühen Feuer.
„Ich weiß nicht, was ich machen soll."
Ich versuche Verena einfach nicht zu beachten.

Draußen in der Eingangshalle des Theaters drängelt Lena sich zu mir durch. Sie hat Tränen in den Augen und zischt mich an:
„Deswegen wolltest du also am Rand sitzen! Ihr habt euch wohl verabredet." Sie dreht sich um und ist auch schon verschwunden.
Ich bleibe mit offenem Mund zurück.
„Was habe ich denn getan?
Ich konnte doch gar nichts dafür!"
Ich schaue mich um. Alle haben mitbekommen, was Lena hier gerade abgezogen hat. „Wie peinlich!"

Entscheide selbst, wie die Geschichte endet. Wähle einen Schluss aus.

① So nicht!

Nicht mit mir!

Ich bin total wütend, denn ich kann doch gar nichts dafür. Nachmittags rufe ich Lena an. „Das geht so nicht weiter. Du machst mit deiner Eifersucht alles kaputt. Da war doch gar nichts mit Verena“, fahre ich sie an. „Das sah heute im Theater aber nicht nach ‚nichts‘ aus“, antwortet Lena spitz. „Siehst du! Du tust es schon wieder!“, sage ich verzweifelt. „Du machst aus jeder Mücke gleich einen Elefanten. Wenn du mir nicht glaubst, muss eben Schluss sein mit uns!“ Ich höre, wie Lena tief Luft holt, und warte auf ihre Antwort. Aber sie sagt nichts. Nach einiger Zeit lege ich traurig auf.

Ich glaube, das wars nun.

② Mensch, Lena!

Das halten wir beide so nicht aus!

Nachmittags gehe ich zu Lena. Sie sitzt traurig in der Ecke ihres Bettes. Sie hat sich beruhigt und ich kann endlich mit ihr reden: „Ich kann doch nichts dafür, dass Verena sich an mich rangemacht hat. Außerdem musst du doch wissen, dass ich nur dich mag.“ Lena schaut mich traurig an und jammert: „Ich weiß, aber ich hab einfach Angst, dass du jemand anderen lieber haben könntest.“ Ich nehme Lena in den Arm und meine: „Lena, ich hab dich auch sehr gern. Aber es muss aufhören, dass du dir solche Sorgen machst. Das halten wir beide sonst nicht aus!“

Beantworte die Fragen in ganzen Sätzen.

1. Wie lange sind Andi und Lena schon zusammen?

2. Was mögen Andi und Lena beide?

3. Was nervt Andi an Lena?

4. Warum meckert Lena? Was hat Andi in der Pause gemacht?

5. Wie wird Verena genannt?

6. Verena bittet Andi, ihr die Hausaufgaben zu erklären. Warum?

7. Wie reagiert Lena, als sie Andi und Verena in der Klasse sieht?

8. Verena setzt sich neben Andi. Was passiert mit Lenas Blicken?

9. Wie reagiert Lena später in der Eingangshalle des Theaters?

10. Wie geht die Geschichte bei dir aus?

Kreuze die richtigen Antworten an.

Achtung: Manchmal kannst du auch mehrere Antworten ankreuzen!

1. Wie lange sind Andi und Lena schon zusammen?

☐ Einige Wochen ☐ Mehrere Monate ☐ Ein Jahr

2. Was mögen Andi und Lena beide?

☐ Fußball

☐ Tanzen

☐ Die gleiche Musik

3. Was nervt Andi an Lena?

☐ Lena mag Fußball nicht

☐ Lena hat wenig Zeit für Andi

☐ Lena stellt sich an, wenn es um Mädchen geht

4. Warum meckert Lena nach der Pause?

☐ Weil Andi ihren Geburtstag vergessen hat

☐ Weil Andi immer unpünktlich ist

☐ Weil Andi mit zwei Mädchen aus der Nachbarklasse geredet hat

5. Wie wird Verena genannt?

☐ Miss Deutschland ☐ Miss World ☐ Miss Eingebildet

6. Verena bittet Andi, ihr die Hausaufgaben zu erklären. Warum?

☐ Weil sie die Aufgaben nicht verstanden hat

☐ Weil ihr langweilig ist

☐ Weil sie sich an Andi „ranmachen“ will

7. **Wie reagiert Lena, als sie Andi und Verena sieht?**

☐ Sie lächelt ☐ Sie schmollt ☐ Sie ist stinksauer

8. **Was passiert, als Verena sich im Theater neben Andi setzt?**

☐ Andi weiß nicht, was er machen soll
☐ Andi schickt Verena weg
☐ Lenas Blicke könnten töten
☐ Lenas Blicke sprühen Feuer

9. **Was passiert später in der Eingangshalle des Theaters?**

☐ Lena beschimpft Verena
☐ Andi redet mit Verena
☐ Lena beschimpft Andi vor allen Leuten

10. **Wie geht die Geschichte bei dir aus?**

☐ Andi kommt mit Verena zusammen
☐ Andi und Lena trennen sich
☐ Andi und Lena reden über alles und vertragen sich

Zu viel ist zu viel

Lena und ich sind nun schon seit einigen ________ zusammen.
Es ist ____, mit ihr befreundet zu sein.
Lena und ich mögen die gleiche ______.
Wir sind auch schon öfter im ____ gewesen.

Es gibt nur eine Sache, die mich total _____: Lena stellt sich ziemlich an, wenn es um andere _______ geht. Ich darf die nicht mal ______, schon ist sie sauer.

Heute bin ich mit Tim in der _____. Wir sprechen nur kurz mit zwei Mädchen aus der ____________.
Zurück in der Klasse kommt Lena dann auf mich zu und _______:
„Na! Was wollten die beiden denn von dir?“
Sie setzt sich auf ihren _____ und schmollt.

Verena wird in unserer Klasse nur ____ _____ genannt, weil sie sich für die ________ hält.
Am Montag steht sie plötzlich vor mir: „Sag mal, Andi, du bist doch in _____ ganz gut. Kannst du mir die Hausaufgaben erklären?“
Aber sie ____ mir dabei gar nicht zu. Sie lächelt mich nur an.

In diesem ______ kommt Lena in den Klassenraum und sieht uns. Sie ist __________ und redet den ____ des Tages kaum mehr mit mir.

Heute ist Donnerstag und wir fahren mit der Nachbarklasse ins __________. Lena sitzt mit Anna, Simone und Katrin in der __________.
Wir Jungs suchen einen Platz am __________. Plötzlich setzt sich Verena auf den __________ Platz neben mir. Lenas Blicke sprühen __________.
Ich versuche Verena einfach nicht zu __________.

Draußen in der __________ des Theaters drängelt Lena sich zu mir durch. Sie hat __________ in den Augen und zischt mich an:
„Darum wolltest du also am Rand __________!“
Sie __________ sich um und ist auch schon __________.
Ich bleibe mit offenem __________ zurück.

Wörterliste

Hauptwörter

Rand – Monaten – Theater – Musik – Nachbarklasse – Kino – Schönste – Pause – Platz – Rest – Mädchen – Mitte – Eingangshalle – Mund – Moment – Feuer – Mathe – ‚Miss World‘ – Tränen

Tätigkeitswörter

dreht – sitzen – grüßen – beachten – nervt – hört – meckert

Eigenschaftswörter

toll – stinksauer – verschwunden – leeren

Zu viel ist zu viel

Lena und ich sind nun schon einige Monate ________ .

Wir verstehen uns _____ .

Nur eine Sache _____ : Lena stellt sich sehr an, wenn es um andere _______ geht.

Wenn Mädchen mit mir in der Pause _____ , meckert sie mich an und _______ .

Als Verena mich um Hilfe bei den Matheaufgaben ______ , ist Lena sauer und redet lange _____ mit mir. Im Theater setzt sich Verena _____ mich und flüstert mir ins Ohr. Lena sieht es und ______ , ich hätte mich mit Verena verabredet.

Dabei ____ ich doch gar nichts dafür.

Aber Lena _______ mich an und verschwindet.

Alle haben mitbekommen, was Lena hier gerade abgezogen hat.

Wie ________ .

Mädchen – meckert – super – zusammen – reden – glaubt – nervt – peinlich – schmollt – nicht – bittet – neben – kann

Zu viel ist zu viel

Anfang

— Lena und ich sind nun schon seit einigen Monaten zusammen. Es ist toll, mit ihr befreundet zu sein. Lena und ich mögen die gleiche Musik. Sie schaut mit mir Fußball im Fernsehen an. Wir sind auch schon öfter im Kino gewesen. Lena hat auch nichts dagegen, wenn ich mich mit meinen Freunden verabrede.

— Es gibt nur eine Sache, die mich total nervt: Lena stellt sich ziemlich an, wenn es um andere Mädchen geht. Ich darf die nicht mal grüßen, schon ist sie sauer. Dabei weiß sie doch, dass die mich gar nicht interessieren.

Tim und ich sprechen in der Pause nur kurz mit zwei Mädchen. Sie haben uns gefragt, ob unsere Klasse auch ins Theater fährt. Zurück in der Klasse kommt Lena dann auf mich zu und meckert: „Na! Was wollten die beiden denn von dir?“ Sie setzt sich auf ihren Platz und schmollt. Das verstehe ich nicht.

Am Montag fragt mich Verena: „Könntest du mir die letzte Mathe-Hausaufgabe erklären?“ Aber sie hört mir gar nicht zu, als ich ihr Mathe zeigen will. Sie lächelt mich immer nur an.
In diesem Moment kommt Lena in die Klasse und sieht uns. Sie ist stinksauer und redet den Rest des Tages kaum mehr mit mir.

Heute fahren wir mit der Nachbarklasse ins Theater. Lena sitzt mit Anna, Simone und Katrin in der Mitte. Wir Jungs sitzen am Rand. Plötzlich setzt sich Verena auf den leeren Platz neben mir. Lena bekommt das natürlich sofort mit. Ihre Blicke sprühen Feuer. Ich versuche, Verena einfach nicht zu beachten.

Draußen in der Eingangshalle des Theaters drängelt Lena sich zu mir durch. Sie hat Tränen in den Augen und zischt mich an: „Deswegen wolltest du also am Rand sitzen! Ihr habt euch wohl verabredet.“ Sie dreht sich um und ist auch schon verschwunden. Ich bleibe mit offenem Mund zurück. Aber ich konnte doch gar nichts dafür!

Draußen in der Eingangshalle des Theaters drängelt Lena sich zu mir durch. Sie hat Tränen in den Augen und zischt mich an: „Deswegen wolltest du also am Rand sitzen! Ihr habt euch wohl verabredet.“ Sie dreht sich um und ist auch schon verschwunden. Ich bleibe mit offenem Mund zurück. Aber ich konnte doch gar nichts dafür!

Nachmittags rufe ich Lena wütend an. Aber sie glaubt mir nicht, dass da mit Verena nichts war. Sie ist eifersüchtig und sauer. Aber wenn sie mir nicht glaubt, muss eben Schluss sein.

ENDE

Nachmittags gehe ich zu Lena. Wir reden in Ruhe über alles. Sie sagt, dass sie einfach Angst hat, mich zu verlieren. Ich denke, sie hat ihren Fehler aber eingesehen.

ENDE

Zu viel ist zu viel

Anfang

- Seit einigen Monaten bin ich mit Lena zusammen.
- Wir verstehen uns super.

- Nur eine Sache nervt.
- Lena stellt sich ziemlich an, wenn es um andere Mädchen geht.

- Wenn andere Mädchen mit mir sprechen, meckert Lena.
- Sie schmollt und spricht dann kaum mit mir.

- Verena bittet mich um Hilfe in Mathe.
- Lena ist sauer.
- Sie spricht den ganzen Tag nicht mit mir.

- Verena setzt sich im Theater neben mich.
- Sie flüstert mir etwas zu.
- Lena sieht es.

- Lena glaubt, dass Verena und ich uns verabredet haben.
- Sie meckert mich vor allen Leuten an.

- Lena glaubt, dass Verena und ich uns verabredet haben.
- Sie meckert mich vor allen Leuten an.

- Nachmittags rufe ich Lena an.
- Lena meckert wieder.
- Ich bin sauer. Wenn sie mir nicht endlich glaubt, muss eben Schluss sein.

Ende

- Nachmittags gehe ich zu Lena.
- Wir reden in Ruhe über alles.
- Ich denke, Lena hat ihren Fehler eingesehen.

Ende

Zu viel ist zu viel

Ende, Version 1: Lena und Andi trennen sich.

Ende, Version 2: Lena und Andi reden in Ruhe über alles.

Echte Fans[1]!

„Kommst du heute Nachmittag zu mir? Meine Kusine hat mir die neue CD von MCM geliehen!“, fragt Simone morgens in der Schule. „Super! Klar komme ich!“, antwortet Katrin.

Die beiden finden die Gruppe MCM total klasse. Es sind drei Jungen – Mike[2], Colin und Mark –, die einfach supersüß aussehen und coole[3] Musik machen.

Simone und Katrin treffen sich oft, um Musik zu hören und jedes Foto von MCM aus den Zeitschriften auszuschneiden.

Beide haben ihr Zimmer schon mit den Bildern der Jungs tapeziert. Und ihr größter Traum ist es, die drei einmal persönlich zu treffen.

An diesem Nachmittag liegen die beiden Mädchen auf Simones Bett und hören die neue CD ihrer Lieblingsgruppe.

Plötzlich setzt sich Katrin auf und fragt: „Was hältst du davon, wenn wir einen MCM-Fanclub gründen?“ Simone springt auf. „Super Idee!

Fanclubs bekommen doch auch mehr Informationen von den Stars. Und auch bessere Konzertkarten, oder?“, fragt sie gleich ganz aufgeregt. Sie ist begeistert von der Idee. „Das weiß ich nicht“, meint Katrin. „Aber wir könnten es versuchen. Erst einmal müssten wir aber noch mehr MCM-Fans finden, die mitmachen.“ Ganz Feuer und Flamme für ihre Idee, überlegen die beiden Freundinnen den Rest des Nachmittags, was alles notwendig ist, um einen Fanclub zu gründen.

Am nächsten Morgen hängen sie ein Plakat an das Schwarze Brett in der Schule:

[1] Fans = Fänz / [2] Mike = Meik / [3] coole = kuule

Hallo MCM-Fans!

Habt ihr Lust, mit uns einen
MCM-Fanclub zu gründen?
Dann kommt morgen in der Pause
zur großen Eiche auf dem Schulhof.
Jeder kann mitmachen!!!

Simone und Katrin
aus der 9. Klasse

Ganz gespannt warten Katrin und Simone am nächsten Tag in der Pause an der großen Eiche.
Nach und nach versammeln sich die interessierten MCM-Fans.
Die Freundinnen staunen, wie viele es sind. Am Ende sind es fünfzehn Mädchen, die sich für den Nachmittag verabreden.

„Bitte mal Ruhe!“, beginnt Katrin, als alle am ausgemachten Treffpunkt im Stadtpark angekommen sind und aufgeregt durcheinanderreden. „Simone und ich haben schon mal im Internet nachgesehen, was wir für einen Fanclub alles bedenken müssen.
Also: Wir brauchen erst einmal eine Mitgliederliste!“

Schnell wird ein Zettel herumgegeben, auf dem sich alle mit Namen, Adresse und Telefonnummer eintragen.
„Super!“, Katrin ist zufrieden. „Und dann brauchen wir ein oder zwei Vorsitzende, die den Club leiten.“
„Macht ihr das doch!“,
schlägt Michaela aus der achten Klasse vor. „Ihr hattet doch auch die Idee!“ Alle sind einverstanden.

„Als Nächstes müssen wir überlegen, wo wir uns immer treffen können. Wir brauchen einen Clubraum!“, ergreift nun Simone das Wort. „Meine Oma braucht ihre alte Garage nicht mehr“, meldet sich Elena.
„Ich habe sie schon gefragt. Wir können sie haben, wenn wir nicht zu laut sind!“ „Das ist ja spitze!“, jubeln alle und Elena ist ganz stolz, dass sie die Idee hatte. „Dann brauchen wir noch eine Clubkasse“, zählt Simone weiter auf. „Wir wollen unseren Clubraum ja auch etwas schön machen und für Briefe und Briefmarken brauchen wir auch etwas Geld.“ Jeder gibt gleich einige Euro in eine kleine Kiste, die Katrin mitgebracht hat. „Ich werde gut darauf aufpassen und alles aufschreiben, was davon bezahlt wird“, verspricht sie.

„Simone und ich haben die Fanadresse von MCM im Internet gefunden“, erklärt Katrin als Nächstes. „Wollen wir ihnen schreiben und von unserem Fanclub erzählen?“
Alle stimmen begeistert zu und so geht am nächsten Tag ein Brief an ihre Lieblingsgruppe zur Post.

Simone und Katrin können es kaum glauben, als eine Woche später ein Paket ankommt, das an den Fanclub adressiert ist.
Gemeinsam mit dem Fanclub wird es nachmittags gleich geöffnet. Alle sind total begeistert, denn im Paket ist viel mehr als erwartet: Poster, MCM-Kappen, Schlüsselanhänger, ein ganzer Stapel Autogrammkarten und die neueste CD. Das Tollste ist aber ein Brief von den Jungen. Katrin liest ihn vor:

Hi[4] Mädels!
Wir sind stolz darauf, dass ihr unsere Musik so toll findet. Für euch machen wir sie ja auch!
Wir hoffen, euch gefallen die Fanartikel, die wir euch geschickt haben. Ihr sollt ja auf den ersten Blick als MCM-Fans zu erkennen sein!
Wir haben euch auch die nächsten Konzerttermine und -orte mitgeschickt. Vielleicht schafft ihr es ja, eins der Konzerte zu besuchen.
Meldet euch!
Dann lässt sich bestimmt ein Treffen organisieren.

Bis dann
Mike, Colin und Mark

Haben sie das richtig verstanden? MCM will sie treffen? Davon träumt doch jede von ihnen …
Dann reden plötzlich alle durcheinander. „Wann ist das nächste Konzert in der Nähe?" „Glaubt ihr, die meinen das ernst?" „Wir könnten einen Bus mieten, dann können wir die Fahrtkosten teilen!"

Den Rest des Tages nimmt die Aufregung kein Ende. Alle überlegen, wie sie den Konzertbesuch möglichst bald organisieren, wie die Eltern überzeugt werden können und wie viel sie sparen müssen, um alles bezahlen zu können.
Jede von ihnen malt sich aus, wie es wohl sein wird, wenn sie Mike, Colin und Mark trifft …

[4] Hi = Hei

Echte Fans[1]!

Katrin und Simone finden die Gruppe MCM total klasse. Es sind drei Jungen – Mike[2], Colin und Mark –, die einfach supersüß aussehen und coole[3] Musik machen.
Die beiden treffen sich oft, um die Musik gemeinsam zu hören. Sie schneiden dann auch jedes Foto von MCM aus, das sie in Zeitschriften finden können.

Am Nachmittag liegen die beiden Mädchen auf Simones Bett und hören die neue CD ihrer Lieblingsgruppe.
Plötzlich setzt sich Katrin auf und fragt: „Was hältst du davon, wenn wir einen MCM-Fanclub gründen?“
Simone springt auf.
„Super Idee!“ Sie ist begeistert. Katrin meint: „Erst einmal müssten wir noch mehr MCM-Fans finden, die mitmachen.“
Den Rest des Nachmittags überlegen die beiden Freundinnen, was alles notwendig ist, um einen Fanclub zu gründen.

Am nächsten Morgen hängen sie ein Plakat an das Schwarze Brett in der Schule. Damit laden sie alle MCM-Fans zu einem Treffen ein.

Ganz gespannt warten Katrin und Simone am nächsten Tag in der Pause an der großen Eiche.
Nach und nach versammeln sich die interessierten MCM-Fans. Am Ende sind es fünfzehn Mädchen.

Der nächste Treffpunkt ist im Stadtpark. Katrin beginnt: „Wir haben nachgelesen, was wir für einen Fanclub brauchen. Zuerst einmal eine Mitgliederliste.“ Schnell wird ein Zettel herumgegeben, auf dem sich alle mit Namen, Adresse und Telefonnummer eintragen.

[1] Fans = Fänz / [2] Mike = Meik / [3] coole = kuule

Als Nächstes einigen sich die Mädchen darauf, dass Katrin und Simone die Vorsitzenden des Fanclubs werden sollen.
„Ihr hattet doch auch die Idee!“, meint Michaela aus der achten Klasse. Dann taucht die Frage nach einem Clubraum auf. „Meine Oma braucht ihre alte Garage nicht mehr“, meldet sich Elena.
„Die können wir haben.“ Alle jubeln.
„Dann brauchen wir noch eine Clubkasse“, zählt Simone weiter auf. Jeder gibt gleich einige Euro in eine kleine Kiste, die Katrin mitgebracht hat. „Ich werde gut darauf aufpassen!“, verspricht sie.

„Simone und ich haben die Fanadresse von MCM im Internet gefunden“, erklärt Katrin als Nächstes.

„Wollen wir ihnen schreiben und von unserem Fanclub erzählen?“
Alle stimmen begeistert zu und so geht am nächsten Tag ein Brief an ihre Lieblingsgruppe zur Post.

Simone und Katrin können es kaum glauben, als eine Woche später ein Paket für den Fanclub ankommt. Gemeinsam mit dem Fanclub wird es nachmittags gleich geöffnet.
Alle sind total begeistert, denn im Paket ist viel mehr als erwartet: Poster, MCM-Kappen, Schlüsselanhänger, ein ganzer Stapel Autogrammkarten und die neueste CD.
Das Tollste ist aber ein Brief von den Jungs.

[4] Hi = Hei

Katrin liest ihn vor:

Hi[4] Mädels!

Wir sind stolz darauf, dass ihr unsere Musik so toll findet. Für euch machen wir sie ja auch!
Wir hoffen, euch gefallen die Sachen, die wir euch geschickt haben.
Ihr sollt ja auf den ersten Blick als MCM-Fans zu erkennen sein!
Wir haben euch auch die nächsten Konzerttermine und -orte mitgeschickt. Vielleicht schafft ihr es ja, eins der Konzerte zu besuchen. Meldet euch! Dann lässt sich bestimmt ein Treffen organisieren.

Bis dann
Mike, Colin und Mark

Es ist ganz still im Clubraum. MCM will sie treffen?
Davon träumt doch jede von ihnen ...
Dann reden plötzlich alle durcheinander. Den Rest des Tages nimmt die Aufregung kein Ende. Alle überlegen, wie sie den Konzertbesuch möglichst bald organisieren, wie die Eltern überzeugt werden können und wie viel sie sparen müssen, um alles bezahlen zu können.
Jede von ihnen malt sich aus, wie es wohl sein wird, wenn sie Mike, Colin und Mark trifft ...

Beantworte die Fragen in ganzen Sätzen.

1. Wofür steht der Name „MCM“?

2. Was wollen Katrin und Simone gründen?

3. Wo hängen sie ein Plakat auf, um nach Fans zu suchen?

4. Wie viele Mädchen gehören zum Fanclub?

5. Was für eine Liste brauchen die Mädchen für ihren Club?

6. Wie nennt man die Personen, die einen Club leiten?

7. Wo ist der Clubraum der Mädchen?

____

____

8. Was schicken die Mädchen ihrer Lieblingsgruppe?

____

____

9. Was schickt die Gruppe den Mädchen zurück?

____

____

Kreuze die richtigen Antworten an.

Achtung: Manchmal kannst du auch mehrere Antworten ankreuzen!

1. **Wofür steht der Name „MCM“?**
   - ☐ Für Mark, Chris und Michael
   - ☐ Für Master Club Musik
   - ☐ Für Mike, Colin und Mark

2. **Was wollen Katrin und Simone gründen?**
   - ☐ Einen Musikclub ☐ Einen Mädchenclub ☐ Einen Fanclub

3. **Wo hängen sie ein Plakat auf, um nach Fans zu suchen?**
   - ☐ Am Roten Brett
   - ☐ An der Pinnwand
   - ☐ Am Schwarzen Brett

4. **Wie viele Mädchen gehören zum Fanclub?**
   - ☐ 10 ☐ 12
   - ☐ 15 ☐ 17

5. **Was für eine Liste brauchen die Mädchen für ihren Club?**
   - ☐ Eine Einkaufsliste ☐ Eine Mitgliederliste

6. **Wie nennt man die Personen, die einen Club leiten?**
   - ☐ Vorsteher ☐ Vorsitzende ☐ Vertreter

7. **Wo ist der Clubraum der Mädchen?**
   - ☐ In einer Scheune
   - ☐ In einer Garage
   - ☐ In einem Gartenhaus

8. Was schicken die Mädchen ihrer Lieblingsgruppe?

☐ Ein Paket ☐ Einen Liebesbrief ☐ Einen Fanbrief

9. Was schickt die Gruppe den Mädchen zurück?

☐ Einen Brief ☐ Poster ☐ Visitenkarten

☐ Autogrammkarten ☐ Eine Kassette ☐ Eine CD

☐ Schlüsselanhänger ☐ T-Shirts ☐ Kappen

10. Was hoffen die Mädchen nach dem Brief?

☐ Sie hoffen, reich zu werden

☐ Sie hoffen, ins Fernsehen zu kommen

☐ Sie hoffen, Mike, Colin und Mark zu treffen

Echte Fans!

Katrin und Simone finden die ______ MCM total klasse. Mike, Colin und Mark sehen einfach supersüß aus und machen coole ______. Die beiden Freundinnen treffen sich, um die Musik gemeinsam zu ______.

Plötzlich hat Katrin die ______, einen MCM-Fanclub zu gründen. Den Rest des Nachmittags überlegen die beiden, was alles zu tun ist. Am nächsten Morgen hängen sie ein ______ an das Schwarze ______ in der Schule. Damit laden sie alle MCM-Fans zu einem ______ ein.

Gespannt warten Katrin und Simone am nächsten Tag in der ______. Nach und nach ______ sich die interessierten MCM-Fans. Am Ende sind es fünfzehn ______, die sich für den Nachmittag verabreden.

Der Treffpunkt ist im ______. Katrin meint, dass sie zuerst eine ______ mit allen Namen brauchen. Schnell wird ein Zettel herumgegeben, auf dem sich alle ______. Als Nächstes einigen sich die Mädchen darauf, dass Katrin und Simone den ______ leiten sollen. Danach taucht die Frage nach einem Clubraum auf. Sie können die ______ von Elenas Oma haben. Alle jubeln. Dann brauchen sie noch eine ______ für das Geld. Jeder gibt gleich einige Euro.

Katrin und Simone schlagen vor, einen ______ an MCM zu schreiben. Alle stimmen begeistert zu und so geht am nächsten Tag ein Brief an ihre Lieblingsgruppe zur ____.

Simone und Katrin können es kaum ______, als eine Woche später ein ______ für den Fanclub ankommt.
Im Paket ist viel ____ als erwartet, aber das Tollste ist ein Brief von den Jungs. Sie bedanken sich für den neuen Fanclub und schlagen vor, die Mädchen nach einem ______ einmal zu treffen.

MCM will sie treffen? Davon ______ doch jede von ihnen ...
Dann reden plötzlich alle ______________.
Alle überlegen, wie sie den Konzertbesuch möglichst bald ____________, wie die Eltern überzeugt werden können und wie viel sie ______ müssen, um alles bezahlen zu können.
Jede von ihnen malt sich aus, wie es wohl sein wird, wenn sie Mike, Colin und Mark trifft ...

Wörterliste

Hauptwörter

Clubkasse – Mädchen – Plakat – Brief – Paket – Fanclub – Gruppe – Idee – Mitgliederliste – Stadtpark – Konzert – Pause – Garage – Post – Treffen – Brett – Musik

Tätigkeitswörter

eintragen – versammeln – hören – träumt – sparen – organisieren – glauben

Andere Wörter

mehr – durcheinander

Echte Fans!

Simone und Katrin finden die _____ MCM total super. Die Jungs sehen _____ aus und _____ coole Musik. Die Freundinnen treffen sich und hören die _____ gemeinsam an. Katrin schlägt vor, einen _____ zu gründen. Simone ist begeistert.

Sie hängen ein _____ in der Schule auf und suchen noch andere MCM-Fans.

Im Stadtpark treffen sich dann fünfzehn _____ und gründen einen MCM-Fanclub.

Sie schreiben ihre Namen in eine _____.

Simone und Katrin sollen den Club _____.

Als Clubraum können sie die _____ von Elenas Oma bekommen.

Sie sammeln von jedem Mädchen etwas _____ für die Clubkasse ein.

Dann schreiben sie einen _____ an MCM und berichten von ihrem Fanclub.

Eine Woche später bekommen sie ein _____ und einen Brief von MCM.

Die Mädchen sind _____, denn MCM will sie nach einem _____ treffen.

Sie überlegen gemeinsam, wann und wie sie das nächste MCM-Konzert _____ können.

Alle _____ von einem Treffen mit den Jungs.

Mitgliederliste – Musik – Gruppe – machen – Geld – Plakat – träumen – Mädchen – Paket – Garage – leiten – Konzert – Brief – süß – besuchen – begeistert – MCM-Fanclub

Echte Fans!

Anfang

Katrin und Simone finden die Gruppe MCM total klasse. Es sind Mike, Colin und Mark, die einfach supersüß aussehen und coole Musik machen.
Die beiden Mädchen treffen sich oft, um die Musik gemeinsam zu hören und Fotos von MCM aus Zeitschriften auszuschneiden.

Am Nachmittag hören die beiden Mädchen ihrer Lieblingsgruppe zu.
Katrin hat die Idee, einen MCM-Fanclub zu gründen.
Simone ist begeistert. Den Rest des Nachmittags überlegen die beiden Freundinnen, was alles notwendig ist, um einen Fanclub zu gründen.

Am nächsten Morgen hängen sie ein Plakat an das Schwarze Brett in der Schule. Damit laden sie alle MCM-Fans der Schule zu einem Treffen ein.

Ganz gespannt warten Katrin und Simone am nächsten Tag in der Pause an der großen Eiche. Nach und nach versammeln sich die interessierten MCM-Fans. Am Ende sind es fünfzehn Mädchen, die sich für den Nachmittag verabreden.

Der Treffpunkt ist im Stadtpark. Katrin beginnt: „Wir brauchen erst einmal eine Mitgliederliste!“ Schnell wird ein Zettel herumgegeben, auf dem sich alle eintragen.

Katrin und Simone sollen den Fanclub leiten. „Ihr hattet doch auch die Idee!“, meint Michaela.

Dann taucht die Frage nach einem Clubraum auf. „Meine Oma braucht ihre alte Garage nicht mehr“, meldet sich Elena. „Die können wir haben.“ Alle jubeln. „Dann brauchen wir noch eine Clubkasse“, zählt Simone weiter auf. Jeder gibt gleich einige Euro in eine kleine Kiste, die Katrin mitgebracht hat.

„Simone und ich haben die Fanadresse von MCM im Internet gefunden“, erklärt Katrin als nächstes. „Wollen wir ihnen schreiben und von unserem Fanclub erzählen?“ Alle stimmen begeistert zu und so geht am nächsten Tag ein Brief an ihre Lieblingsgruppe zur Post.

Simone und Katrin können es kaum glauben, als eine Woche später ein Paket für den Fanclub ankommt.
Im Paket ist viel mehr als erwartet, aber das Tollste ist ein Brief von den Jungen. Sie bedanken sich für den neuen Fanclub und schlagen vor, die Mädchen nach einem Konzert einmal zu treffen.

MCM will sie treffen? Davon träumt doch jede von ihnen ... Alle überlegen, wie sie den Konzertbesuch organisieren, wie die Eltern überzeugt werden können und wie viel sie sparen müssen. Jede von ihnen malt sich aus, wie es wohl sein wird, wenn sie Mike, Colin und Mark trifft ...	**Ende**

Echte Fans!

Anfang

- Simone und Katrin finden die Gruppe MCM toll.
- Die Jungs sehen süß aus und machen coole Musik.

- Die Mädchen hören Musik.
- Katrin hat eine Idee.
- Sie wollen einen Fanclub gründen.
- Simone ist begeistert.

- Die Freundinnen hängen ein Plakat in der Schule auf.
- Sie suchen noch mehr MCM-Fans.

- Simone und Katrin warten in der Pause unter der alten Eiche.
- 15 Mädchen kommen und verabreden sich.

- Treffpunkt ist im Stadtpark.
- Sie brauchen eine Mitgliederliste.
- Katrin und Simone leiten den Fanclub.

- Eine Garage soll der neue Clubraum werden.
- Alle geben etwas Geld in die Clubkasse.

- Sie schreiben einen Brief an MCM.
- Darin berichten sie von dem neuen Fanclub.

- Der Fanclub bekommt ein Paket zurück.
- Es ist auch ein Brief dabei.
- MCM will sie beim Konzert treffen.

- Alle überlegen, wie sie zum Konzert kommen können.
- Jedes Mädchen träumt von den Jungs.

Ende

Echte Fans!

MCM
MCM

MCM
MCM

Zugegriffen

Herr Albrecht hat gerade mit der Stunde angefangen, als plötzlich ein Handy[1] klingelt. Alle schauen sich verdutzt und suchend um. „Ihr wisst doch, dass Handys im Unterricht verboten sind! Also ganz schnell das Handy aus!“, fordert Herr Albrecht bestimmt.
Doch niemand tut etwas.
Plötzlich schlägt Herr Albrecht die Hand vor den Mund. „Ach je! Das ist meins!“, stammelt er verlegen. Nervös sucht er das Handy aus seiner Büchertasche und erklärt: „Ich habe es neu und kenne mich noch nicht so genau aus! Ich dachte, ich hätte es ausgeschaltet!“ Als er es findet, drückt er schnell einen der Knöpfe. Er lässt es in seiner Jacke verschwinden, die neben der Klassentür an einem Haken hängt.

„Cool[2]!“, flüstert Kai Dirk zu.
„Hast du gesehen? Er hat dieses neue Handy. Du weißt schon, dieses ganz flache!“ „Ja!“, antwortet Dirk leise. „Das muss ziemlich teuer gewesen sein.“

Dirk und Kai sind die besten Freunde. Sie haben sich schon im Kindergarten kennengelernt und gleich super verstanden. Eigentlich sind sie sehr unterschiedlich. Dirk ist eher der ruhige Typ[3], während Kai ein ziemlicher Draufgänger ist. Aber vielleicht passen sie gerade deshalb so gut zusammen. Jedenfalls sind sie unzertrennlich.

Als Herr Albrecht nach der Stunde in die Pause geht, lässt er seine Jacke in der Klasse hängen. Er kommt nachher ja sowieso wieder hierher. Auch Kai und Dirk verlassen die Klasse, aber an der Tür hält Dirk plötzlich vor Schreck den Atem an. Kai greift im Vorübergehen in die Jacke des Lehrers und holt das Handy heraus. Schnell lässt er es in seiner Hosentasche verschwinden. Außer Dirk hat das niemand mitbekommen.

„Sag mal, spinnst du?“, zischt Dirk. „Bring es sofort zurück! Wenn Herr Albrecht das merkt!“ „Ja, ja!“, entgegnet Kai. „Ich will es mir ja nur mal ansehen.“

[1] Handy = Händi / [2] cool = kuul / [3] Typ = Tüp

Auf dem Pausenhof setzt Kai sich auf eine Bank und holt das Handy aus seiner Tasche. Während Kai das Handy ausprobiert, steht Dirk nervös neben ihm. Er schaut sich ständig um und murmelt: „Hoffentlich sieht das niemand. Weißt du wie man das nennt, was du da gerade gemacht hast? KLAUEN!“ Aber Kai hört ihm nicht zu. Er ist völlig vertieft in die Spiele auf dem Handy.

Plötzlich stehen ein paar Typen aus der Nachbarklasse um sie herum. „Zeig mal!“ „Hast du das neu?“ „Cool! Lass mich auch mal sehen!“ Kai grinst zufrieden und meint: „Ich hab es mir gerade mal von Herrn Albrecht ausgeliehen ...!“
„Echt? Und wenn er das merkt?“, fragt einer von ihnen bewundernd.

„Ach, der kriegt das sowieso nicht mit“, entgegnet Kai und genießt die Bewunderung der anderen.
Dirk schüttelt ärgerlich den Kopf: „Damit will ich nichts zu tun haben. Ich gehe lieber.“

„Wo warst du? Wir haben noch ein cooles Spiel auf dem Handy entdeckt“, erzählt Kai, als er wieder in die Klasse kommt. „Das ist mir egal! Bring das Handy jetzt endlich zurück!“, flüstert Dirk ernst.
Aber da kommt auch schon Herr Albrecht herein. Nach der Stunde nimmt der Lehrer gleich seine Jacke und ist auch schon verschwunden.

„Und jetzt?“, fragt Dirk. Kai sieht etwas erschrocken aus, aber dann zuckt er nur mit den Schultern.
Er scheint sich keine Sorgen zu machen. Da platzt Dirk der Kragen. Er fährt Kai an: „Du spinnst wohl! Erst klaust du und dann tust du auch noch groß damit. Mit einem Dieb will ich nichts zu tun haben!“ Er dreht sich um, packt seine Sachen und geht an diesem Tag zum ersten Mal ohne Kai nach Hause.

Am nächsten Tag sprechen sie kein Wort miteinander. Kai spielt in der Pause wieder mit dem Handy und die Jungs aus der Nachbarklasse sind bei ihm. „Warum tut er das?
Ist das wirklich Kai, mein bester Freund?“, fragt sich Dirk. Er ist ganz durcheinander. Die nächste Stunde haben sie wieder bei Herrn Albrecht. „Ich weiß, dass ich gestern mein Handy in meine Jackentasche gesteckt habe“, beginnt er. „Die Jacke hat einige Zeit hier gehangen. Jetzt ist das Handy verschwunden. Ich will niemanden falsch beschuldigen, aber sollte einer von euch mein Handy genommen haben, will ich, dass er es zurückgibt. Ich werde daraus kein großes Drama machen, aber ihr solltet bedenken, dass Diebstahl keine Kleinigkeit ist.“ Dirk schaut kurz zu Kai hinüber. Er ist ganz blass geworden, sagt aber nichts.

Nachmittags klingelt das Telefon bei Dirk. Als er den Hörer abnimmt, meldet sich Kai ganz aufgeregt: „Du, ich weiß, dass ich Mist gebaut habe. Ich weiß auch nicht, warum

ich das gemacht habe. Es tut mir so leid!“ „Bei mir brauchst du dich nicht entschuldigen“, sagt Dirk. Er ist erleichtert. Endlich wird Kai vernünftig. „Das solltest du besser bei Herrn Albrecht tun. Sorg dafür, dass er sein Handy wiederbekommt.“
„Ja, aber wie? Ich kann doch nicht einfach zu ihm gehen und sagen: Ich hab Ihr Handy geklaut. Tut mir leid!“ „Warum eigentlich nicht? Er ist doch ganz in Ordnung.
Er wird dich nicht gleich anzeigen.“
„Nein, das kann ich nicht. Ich hab solche Angst, dass er alles meinen Eltern erzählt“, fürchtet sich Kai.
„Und wenn ich mit dir gehe?
Traust du dich dann?“, fragt Dirk.
Kai überlegt eine Weile und sagt dann: „Okay! Gleich morgen gehen wir zu ihm, ja?“

Am nächsten Morgen warten die beiden vor der Klassentür auf Herrn Albrecht. „Ich wars! Ich hab Ihr Handy genommen. Tut mir total leid!“, stottert Kai, als der Lehrer vor ihm steht. Mit rotem Kopf hält er ihm das Handy hin.

„Er wollte es sich nur mal ansehen. Bestimmt!“, springt Dirk für Kai ein. „Aber dann haben Sie Ihre Jacke mitgenommen und er konnte es nicht zurücklegen.“ Dass Kai vor den anderen auch noch damit angegeben hat, verschweigt er lieber.

„Das hätte ich von dir nicht gedacht, Kai. Für Diebstahl gibt es keine Entschuldigung“, meint Herr Albrecht.

Zugegriffen

Im Unterricht klingelt ein Handy[1]. Herr Albrecht fordert: „Macht es sofort aus! Handys sind im Unterricht verboten!“ Alle schauen sich an. Doch niemand tut etwas. Plötzlich merkt Herr Albrecht: Es ist sein Handy. Nervös sucht er es in seiner Tasche. Er drückt einen Knopf und steckt das Handy schnell in seine Jacke.

Dirk und Kai haben das Handy gesehen. „Das ist dieses ganz neue. Es ist ganz flach! Cool[2]!“, schwärmt Kai.
Dirk und Kai sind die besten Freunde. Sie sind sehr unterschiedlich. Dirk ist eher ruhig, Kai etwas wilder. Aber sie verstehen sich super und haben schon viel zusammen erlebt.

Nach der Stunde geht Herr Albrecht in die Pause. Seine Jacke hängt noch neben der Tür.
Dirk und Kai gehen auch hinaus. Doch plötzlich nimmt Kai das Handy aus der Jackentasche. Schnell steckt er es in seine Hose. Dirk bekommt einen riesigen Schreck. „Ich will es nur mal ansehen“, meint Kai.

Auf dem Schulhof spielt Kai mit dem Handy. Dirk hat Angst, dass sein Freund entdeckt wird. Er schaut sich um und redet auf Kai ein: „Das nennt man KLAUEN! Bring das Handy sofort zurück!“ Aber Kai hört gar nicht zu.

Dann kommen einige Jungen aus der Nachbarklasse. Sie finden das Handy total cool. „Ich habe es mir von Herrn Albrecht geliehen ...“, gibt Kai an. Er genießt die Bewunderung der anderen. Dirk will nichts damit zu tun haben. Er geht.

Nach der Pause fordert Dirk von Kai: „Steck das Handy jetzt sofort wieder in die Jacke!“ Aber da kommt auch schon Herr Albrecht. Nach der Stunde nimmt der Lehrer seine Jacke und geht.

[1] Handy = Händi / [2] cool = kuul

„Und jetzt?“, fragt Dirk. Kai ist etwas erschrocken, aber er macht sich keine Sorgen. Dirk ist wütend.
Er kann Kai nicht verstehen und schreit ihn an: „Mit einem Dieb will ich nichts zu tun haben!“ An diesem Tag geht er zum ersten Mal ohne Kai nach Hause.

Am nächsten Morgen sprechen die beiden nicht miteinander.
Kai spielt wieder mit dem Handy. Dirk kann das alles nicht verstehen. So ist sein Freund doch sonst nicht.
Vor dem Unterricht spricht Herr Albrecht mit der ganzen Klasse: „Wenn einer von euch mein Handy genommen hat, soll er es zurückgeben! Diebstahl ist keine Kleinigkeit!“ Kai wird ganz blass, aber er sagt nichts.

Am Nachmittag ruft Kai bei Dirk an. Er weiß, dass er Mist gebaut hat. Dirk ist froh, dass Kai vernünftig wird. Er sagt: „Gib das Handy zurück und entschuldige dich bei Herrn Albrecht!“ Aber Kai hat Angst, dass seine Eltern davon erfahren.

„Ich gehe mit dir“, verspricht Dirk. „Okay! Dann gehen wir gleich morgen“, entschließt sich Kai.

Morgens warten beide vor der Klassentür auf den Lehrer. Kai gibt ihm das Handy zurück und stottert: „Ich habe es genommen. Tut mir leid!“ Dirk erklärt für Kai, wie alles gekommen ist. Nur von Kais Angeberei erzählt er nichts.
Herr Albrecht ist sehr enttäuscht von Kai. „Für Diebstahl gibt es keine Entschuldigung!“, meint er.

Beantworte die Fragen in ganzen Sätzen.

1. Was hat Herr Albrecht vergessen auszustellen?

____

____

2. Was weißt du über die Freundschaft von Dirk und Kai?

____

____

3. Was macht Kai nach der Schulstunde?

____

____

4. Wie findet Dirk den Diebstahl?

____

____

5. Was macht Kai mit dem Handy vor den Jungen der Nachbarklasse?

____

____

6. Herr Albrecht spricht mit der Klasse. Was möchte er?

____

____

7. Kai ruft bei Dirk an. Warum?

____

____

8. Was rät Dirk ihm? Was soll Kai tun?

____

____

9. Wie reagiert Herr Albrecht, als Kai das Handy zurückgibt?

____

____

Kreuze die richtigen Antworten an.

Achtung: Manchmal kannst du auch mehrere Antworten ankreuzen!

1. Was hat Herr Albrecht vergessen?

- ☐ Die Tür zu schließen
- ☐ Das Handy auszuschalten
- ☐ Hausaufgaben aufzugeben

2. Was weißt du alles über Dirk und Kai?

- ☐ Sind sehr unterschiedlich
- ☐ Haben viel zusammen erlebt
- ☐ Sind die besten Freunde
- ☐ Streiten sich oft

3. Was passiert nach der Schulstunde?

- ☐ Dirk steckt sich das Handy in die Hosentasche
- ☐ Kai steckt sich das Handy in die Jackentasche
- ☐ Kai steckt sich das Handy in die Hosentasche

4. Wie findet Dirk den Diebstahl?

- ☐ Er findet es cool
- ☐ Er hat Angst, dass Kai erwischt wird
- ☐ Er redet auf Kai ein, das Handy zurückzubringen

5. Was genießt Kai?

- ☐ Die Anerkennung von Dirk
- ☐ Die Bewunderung der anderen
- ☐ Die frische Luft in der Pause

6. Herr Albrecht spricht mit der Klasse. Was möchte er?

☐ Der Dieb soll das Handy zurückgeben

☐ Er möchte den Dieb anzeigen

☐ Er möchte die Klasse nachsitzen lassen, bis das Handy wieder da ist

7. Kai ruft bei Dirk an. Warum?

☐ Ihm ist langweilig

☐ Er möchte mit Dirk ins Kino

☐ Er sieht ein, dass er Mist gebaut hat

8. Was rät Dirk ihm?

☐ Kai soll das Handy zurückgeben

☐ Kai soll sich entschuldigen

☐ Kai soll das Handy behalten

9. Wie reagiert Herr Albrecht, als Kai das Handy zurückgibt?

☐ Er ist enttäuscht

☐ Er sagt, dass es für Diebstahl keine Entschuldigung gibt

☐ Er freut sich

☐ Er ist wütend

Zugegriffen

Im Unterricht klingelt ein ______. Herr Albrecht schimpft: „Handys sind im Unterricht ______!“ Niemand unternimmt etwas. Plötzlich merkt Herr Albrecht: Es ist sein Handy. Er drückt einen ______ und steckt das Handy schnell in seine ______.

Dirk und Kai sind die besten ______. Sie sind sehr ______. Aber sie verstehen sich ______.

Nach der ______ lässt Herr Albrecht seine Jacke hängen. Plötzlich ______ Kai das Handy aus der Jacke. Dirk bekommt einen riesigen ______.

Auf dem ______ spielt Kai mit dem Handy. Dirk hat ______, dass sein Freund entdeckt wird. „______ das Handy sofort zurück!“, fordert er. Aber Kai hört gar nicht zu.

Dann kommen einige ______ aus der Nachbarklasse. Kai gibt mit dem Handy an. Dirk will nichts damit zu tun haben. Er ______ weg.

Nach der Pause fordert Dirk von Kai: „Steck das Handy jetzt wieder in die Jacke!“ Aber da ______ auch schon Herr Albrecht. Nach der Stunde nimmt der seine Jacke und geht.

„Und jetzt?“, ______ Dirk. Kai macht sich keine ______.

Dirk ist wütend. „Mit einem ____ will ich nichts zu tun haben!"
An diesem Tag geht er zum ersten Mal ohne Kai nach ____.

Am nächsten Morgen spricht Herr Albrecht mit der ganzen ____:
„Wenn einer von euch mein Handy hat, soll er es ____!
Diebstahl ist keine Kleinigkeit!" Kai wird ganz ____, aber er sagt nichts.

Am Nachmittag ruft Kai bei Dirk an. Dirk sagt: „Gib das Handy zurück!"
Aber Kai hat Angst, dass seine ____ davon erfahren.
„Ich gehe mit dir", antwortet Dirk. Kai verspricht, das Handy zurückzugeben.

Morgens warten beide vor der Klasse auf den ____. Kai gibt ihm das Handy zurück und stottert: „Ich habe es ____.
Tut mir leid." Dirk erklärt für Kai, wie es dazu gekommen ist.
„Für ____ gibt es keine Entschuldigung!", meint der Lehrer.

Wörterliste

Hauptwörter

Schulhof – Klasse – Dieb – Hause – Diebstahl – Jungen – Handy – Angst – Jacke – Lehrer – Knopf – Schreck – Freunde – Eltern – Sorgen – Stunde

Tätigkeitswörter

nimmt – zurückgeben – fragt – genommen – kommt – Bring – geht

Eigenschaftswörter

verboten – unterschiedlich – gut – blass

Zugegriffen

Im Unterricht ________ ein Handy. Es gehört Herrn Albrecht. Er macht es schnell aus und steckt es in seine ________. Dirk und Kai sind die ________ Freunde. Sie haben das tolle ________ gesehen. Der Lehrer geht ohne seine Jacke. Kai ________ das Handy. Dirk ist ________. Kai ________ mit dem Handy auf dem Schulhof. Dirk hat ________ um seinen Freund. Andere Jungen ________ Kai. Der gibt an. Dirk geht lieber. In der Stunde sagt er, Kai soll das Handy ________. Aber nach der Stunde nimmt der ________ seine Jacke und geht. Was nun? Kai macht sich keine ________. Dirk ist wütend. Er nennt Kai einen ________ und geht. Am nächsten Tag ________ Herr Albrecht mit der Klasse. Er will sein Handy zurück. Kai wird ________, sagt aber nichts. Nachmittags ruft Kai Dirk an. Er sieht seinen ________ ein. Dirk ist froh. Beide gehen am nächsten Tag zum Lehrer. Kai gibt alles zu. Dirk ________ Herrn Albrecht, was passiert ist. Der Lehrer meint, für ________ gibt es keine Entschuldigung.

Diebstahl – Angst – klingelt – besten – Handy – erklärt – spielt – blass – Fehler – zurücklegen – erschrocken – Sorgen – Jacke – spricht – bewundern – Dieb – nimmt – Lehrer

Zugegriffen

Anfang

Im Unterricht klingelt ein Handy. Herr Albrecht fordert: „Macht es sofort aus! Handys sind im Unterricht verboten!“ Alle schauen sich an. Doch niemand tut etwas. Plötzlich merkt Herr Albrecht: Es ist sein Handy. Nervös sucht er es in seiner Tasche. Er drückt einen Knopf und steckt es in seine Jacke.

Dirk und Kai haben das Handy gesehen. „Das ist dieses ganz neue. Es ist ganz flach! Cool!“, schwärmt Kai.

Dirk und Kai sind die besten Freunde. Sie sind sehr unterschiedlich. Dirk ist eher ruhig, Kai etwas wilder. Aber sie verstehen sich super und haben schon viel zusammen erlebt.

Nach der Stunde geht Herr Albrecht in die Pause. Seine Jacke hängt noch neben der Tür. Dirk und Kai gehen auch hinaus. Doch plötzlich nimmt Kai das Handy aus der Jackentasche. Schnell steckt er es in seine Hose. Dirk bekommt einen riesigen Schreck. „Ich will es nur mal ansehen", meint Kai.

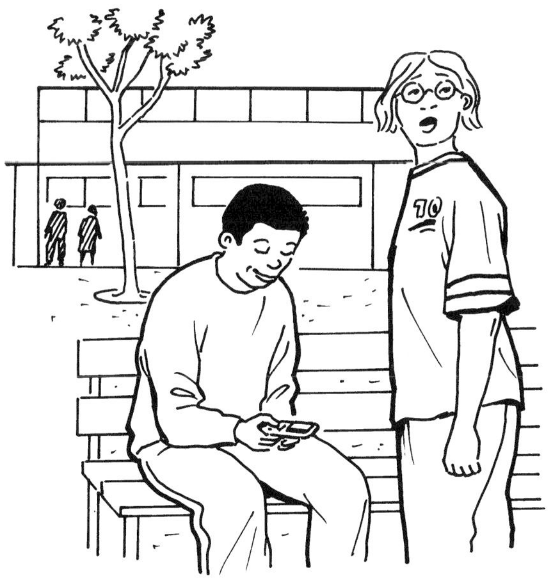

Auf dem Schulhof spielt Kai mit dem Handy. Dirk hat Angst, dass sein Freund entdeckt wird. Er schaut sich um und redet auf Kai ein: „Das nennt man KLAUEN! Bring das Handy sofort zurück!" Aber Kai hört gar nicht zu.

Dann kommen einige Jungen aus der Nachbarklasse. Sie finden das Handy total cool. „Ich habe es mir von Herrn Albrecht geliehen ...", gibt Kai an. Er genießt die Bewunderung der anderen. Dirk will nichts damit zu tun haben. Er geht.

Nach der Pause fordert Dirk von Kai: „Steck das Handy jetzt sofort wieder in die Jacke zurück!“
Aber da kommt auch schon Herr Albrecht. Nach der Stunde nimmt der Lehrer seine Jacke und geht.

„Und jetzt?“, fragt Dirk. Kai ist etwas erschrocken, aber er macht sich keine Sorgen. Dirk ist wütend. Er kann Kai nicht verstehen und schreit ihn an: „Mit einem Dieb will ich nichts zu tun haben!“ An diesem Tag geht er zum ersten Mal ohne Kai nach Hause.

Am nächsten Morgen sprechen die beiden nicht miteinander. Kai spielt mit dem Handy. „So ist er doch sonst nicht“, denkt Dirk.
Vor dem Unterricht spricht Herr Albrecht mit der Klasse: „Wenn einer von euch mein Handy hat, soll er es zurückgeben! Diebstahl ist keine Kleinigkeit!“ Kai wird ganz blass, aber er sagt nichts.

Am Nachmittag ruft Kai bei Dirk an. Er weiß, dass er Mist gebaut hat. Dirk ist froh, dass Kai vernünftig wird. „Gib das Handy zurück und entschuldige dich!" Aber Kai hat Angst, dass seine Eltern davon erfahren. „Ich gehe mit dir", verspricht Dirk. „Okay! Dann gehen wir gleich morgen", entscheidet Kai.

Morgens warten beide vor der Klassentür auf den Lehrer. Kai gibt ihm das Handy zurück und stottert: „Ich habe es genommen. Tut mir leid!" Dirk erklärt für Kai, wie alles gekommen ist. Nur von Kais Angeberei erzählt er nichts. Herr Albrecht ist sehr enttäuscht von Kai. „Für Diebstahl gibt es keine Entschuldigung", meint er.

Ende

Zugegriffen

Anfang

- Im Unterricht klingelt ein Handy.
- Es gehört Herrn Albrecht.
- Er macht es aus und steckt es in die Jacke.

- Kai und Dirk sind die besten Freunde.
- Sie haben das Handy gesehen.
- Sie finden es toll.

- Der Lehrer geht ohne seine Jacke.
- Kai nimmt das Handy aus der Jacke.
- Dirk ist erschrocken.

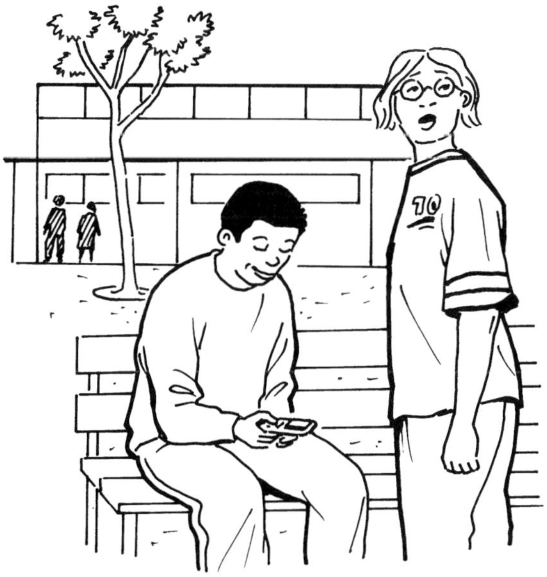

- Kai spielt mit dem Handy auf dem Schulhof.
- Dirk hat Angst, dass sein Freund entdeckt wird.

- Jungen aus der anderen Klasse kommen.
- Kai gibt mit dem Handy an.
- Dirk geht.

- Dirk sagt, dass Kai das Handy zurücklegen soll.
- Aber der Lehrer kommt schon.
- Nach der Stunde nimmt er die Jacke und geht.

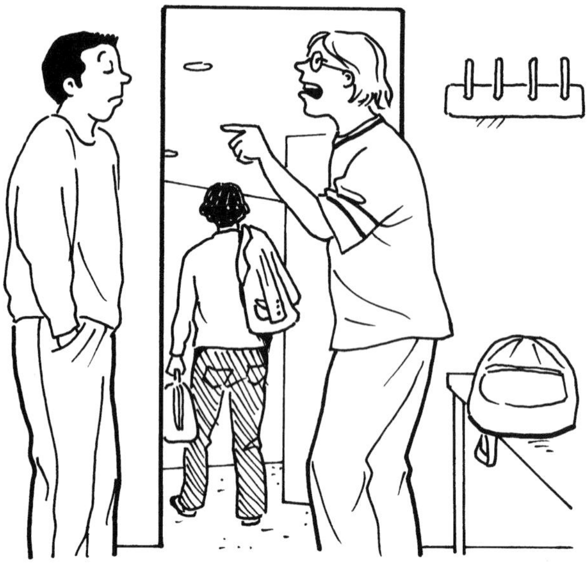

- Was nun?
- Kai macht sich keine Sorgen.
- Dirk nennt ihn einen Dieb und geht ohne ihn nach Hause.

- Dirk spricht nicht mehr mit Kai.
- Herr Albrecht will sein Handy zurück.
- Kai wird blass, sagt aber nichts.

B. Hasenbein: Von Liebe, Freundschaft und dem Ernst des Lebens

- Kai ruft Dirk an.
- Kai sieht seinen Fehler ein.
- Dirk ist froh.
- Kai soll das Handy zurückgeben.

- Dirk geht mit Kai zum Lehrer.
- Kai gibt das Handy zurück.
- Herr Albrecht ist enttäuscht.
- Diebstahl ist keine Kleinigkeit!

Ende

Zugegriffen

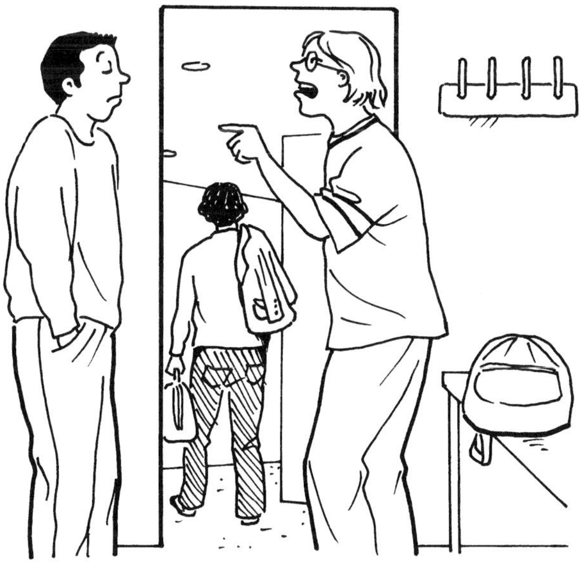

Hoffnungslos?

„Guten Morgen!“ Uli kommt gut gelaunt in die Klasse, denn es ist Freitag, das Wochenende steht vor der Tür, das Wetter ist spitze und er freut sich auf das Fußballspiel.
„Ich komme nicht mit!“, brummt Alex, die Quasselstrippe.
„Aber warum denn nicht?“, fragen Ben und Uli wie aus einem Mund.
„Keine Lust! Und jetzt lasst mich in Ruh!“, mault Alex.
„Dann eben nicht!“, gibt Ben zurück.
„Schon wieder so schlechte Laune“, flüstert Uli Ben zu. „Das geht jetzt schon die ganze Woche so.
Was bloß mit Alex los ist?“
Ben zuckt mit den Schultern.

Das Wochenende wird toll. Ihre Mannschaft gewinnt und das tolle Frühlingswetter hält immer noch an. Die Stimmung ist super bei Uli und Ben – auch die ganze nächste Woche noch. Nur Alex’ Laune ist immer noch nicht besser.
Normalerweise ist er immer gut drauf und sein Mund steht fast nie still – deswegen wird er ja auch Quasselstrippe genannt. Aber im Moment stimmt etwas nicht mit ihm.

„Kommst du mit zum Kiosk, Alex? Wir wollen noch eine Cola trinken“, fragen Ben und Uli, als am nächsten Freitag die Schule aus ist.
„Nee, ich muss nach Hause!“, entgegnet Alex. Da platzt Uli der Kragen und er fährt ihn an: „Mann, du machst aber auch gar nichts mehr mit und bist immer mies gelaunt! Was ist denn nur los? Haben wir dir etwas getan?“
„Ach, ihr habt ja keine Ahnung! Lasst mich doch in Ruh!“, mault Alex und geht. Uli und Ben halten ihn aber auf. „Was soll das heißen? Wovon haben wir keine Ahnung? Kannst du uns denn nicht sagen, was los ist?“, will Uli nun wissen.

Alex bleibt stehen und schaut zu Boden. Eine Weile überlegt er und erzählt dann ganz leise: „Es ist der totale Mist! Mein Vater ist seit vier Wochen arbeitslos.
Zuerst war er ständig wütend und hat meine Mutter, meine Schwester und mich dauernd angeschrien. Wir konnten gar nichts mehr richtig machen. Aber seit einiger Zeit sitzt er den ganzen Tag nur noch auf dem Sofa und jammert: ‚Sechzehn Jahre habe ich mich abgerackert für die Firma. Und dann setzen die einen einfach vor die Tür!'
Wir können es schon nicht mehr hören. Außerdem ist das Geld jetzt natürlich knapp. Ich kriege kein Taschengeld mehr und deshalb kann ich auch nicht mit zum Fußballspiel oder eine Cola am Kiosk kaufen."
„Oh, Mann!" ist alles, was Uli und Ben dazu sagen können. Sie stehen wie angewurzelt da und Alex geht niedergeschlagen nach Hause.

Am Wochenende klingelt das Telefon bei Ben. Uli ist dran und sagt: „Du, mir geht das Problem mit Alex' Vater nicht aus dem Kopf. Ich habe mir da etwas überlegt!", und er erzählt Ben von seinem Plan ...

Montags in der Schule gehen sie gleich zu Alex und schlagen ihm vor: „Vor einigen Wochen war doch dieser Berufsberater in der Schule. Der hat doch gesagt, dass wir zu ihm kommen können, wenn wir Fragen zu Arbeit und Beruf haben.
Wir könnten ihn doch mal anrufen und fragen, ob er was für deinen Vater tun kann. Was meinst du?"
Alex freut sich über die Hilfe, ist aber skeptisch: „Ich weiß nicht. Glaub nicht, dass der der Richtige dafür ist!" „Na komm! Fragen kostet doch nichts", meint Uli.

Am nächsten Tag treffen sich die drei Freunde nachmittags bei Uli und rufen den Berufsberater an. Nachdem sie ihm das Problem mit Alex' Vater erklärt haben und er einige Fragen dazu gestellt hat, meint er: „Ich bin eigentlich nur für die Berufsberatung von Jugendlichen zuständig, aber ich werde mich mal bei einem Kollegen erkundigen.

Der kann vielleicht etwas tun. Ich rufe euch gleich zurück." Nach einer halben Stunde klingelt das Telefon und der Berufsberater meint: „Alex, sag deinem Vater, dass er morgen um neun Uhr zu Herrn Müller ins Berufsinformationszentrum kommen soll. Raum 430!Ich denke, dass der ihm weiterhelfen kann."

„Super! Vielen Dank!", beendet Alex das Gespräch.

Die Jungen sind ganz aufgeregt, aber Alex fragt sich: „Wie bringe ich das nur meinem Vater bei?"

Am nächsten Morgen ist Alex nicht in der Schule. Ben und Uli machen sich Sorgen. Was kann da los sein? Aber nach der großen Pause kommt Alex doch noch, gibt Frau Mendel einen Zettel und setzt sich.

Ben und Uli schauen ihn fragend an. Alex grinst und gibt ihnen ein Zeichen: einen erhobenen Daumen!

„Wo warst du? Ist dein Vater im BIZ gewesen?", wollen Ben und Uli nach der Stunde sofort wissen.

„Es hat ganz schön lang gedauert, bis ich meinen Vater überzeugt hatte, dorthin zu gehen", erklärt Alex. „Deshalb bin ich auch lieber mitgegangen. Er hat zwar gemeckert, dass er keinen Babysitter[1] braucht, aber ich habe mich nicht abwimmeln lassen. Der Typ[2] im BIZ war auch echt nett. Er hat meinem Vater tausend Fragen gestellt und ihm alles Mögliche erklärt.

Jedenfalls kann er jetzt so eine Weiterbildung machen, die das Arbeitsamt bezahlt. Da lernt er, mit computergesteuerten[3] Maschinen umzugehen.

Dann hat er auch wieder eine Chance[4] auf einen neuen Job[5]."

„Das ist ja super!", freuen sich Ben und Uli.

„Ja! Und das Tollste ist, dass mein Vater auch wieder gut drauf ist. Er hat mich nachher sogar in den Arm genommen. Peinlich!

Vor allen Leuten. Er hat sich für die gute Idee bedankt und lässt euch sagen, wenn er wieder eine Arbeit hat, lädt er uns alle zum Fußballspiel ein!"

[1] Babysitter = Bebisitter / [2] Typ = Tüp / [3] Computer = Kompiuter / [4] Chance = Schongs / [5] Job = Djob

Hoffnungslos?

Es ist Freitagmorgen. Uli und Ben kommen gut gelaunt in die Klasse. Sie freuen sich auf das Wochenende, denn sie wollen zusammen mit ihrem Freund Alex zum Fußball.
„Ich komme nicht mit!“, sagt Alex brummig. „Warum denn nicht?“, fragen Uli und Ben.
„Keine Lust!“, ist die kurze Antwort.
Uli und Ben wundern sich.
Alex ist schon die ganze Woche schlecht drauf.

Trotzdem wird das Wochenende toll. Ihre Mannschaft gewinnt das Spiel und das schöne Wetter hält sich.
Uli und Ben sind die ganze Woche gut gelaunt. Nur Alex' Laune ist immer noch nicht besser. So kennen sie ihn gar nicht. Sonst redet er andauernd und ist immer zu Späßen aufgelegt. Deshalb wird er ja auch Quasselstrippe genannt.
Da stimmt etwas nicht ...

Es ist wieder Freitag und die Jungen wollen nach der Schule eine Cola am Kiosk trinken. Alex will wieder nicht mit. „Was ist denn nur los mit dir?“, fragt Uli wütend. „Haben wir dir etwas getan?“ Aber Alex will in Ruhe gelassen werden.
Das lassen Uli und Ben nicht zu. Sie versperren ihm den Weg und fragen: „Kannst du uns nicht sagen, was los ist?“

Alex überlegt eine Weile und erzählt dann ganz bedrückt, dass sein Vater vor vier Wochen seine Arbeit verloren hat. „Erst hat er immer rumgeschrien und jetzt sitzt er nur noch auf dem Sofa und jammert. Das Geld ist auch langsam knapp. Deswegen kann ich auch nichts mehr mit euch unternehmen!“
Uli und Ben sind sprachlos.
Von diesem Problem haben sie nichts geahnt. Sie lassen Alex nach Hause gehen.

Am Wochenende telefonieren Ben und Uli miteinander. Sie machen sich Gedanken um Alex und seine Familie. Dann hat Uli eine Idee ...

Montags in der Schule gehen die beiden gleich zu Alex. Sie erinnern ihn an den Berufsberater, der vor einigen Wochen in der Schule war. „Er hat doch gesagt, dass wir zu ihm kommen können, wenn wir Fragen haben!“, meinen die Jungen.
„Vielleicht kann er auch deinem Vater helfen.“ Alex ist da nicht so sicher.

Am nächsten Tag telefonieren die drei Jungen mit dem Berufsberater. Sie erzählen ihm von Alex’ Vater. „Ich kann euch da nicht weiterhelfen, aber vielleicht mein Kollege!“, sagt er und macht einen Termin für den nächsten Morgen fest.
Alex’ Vater soll dann ins Berufsinformationszentrum kommen.
Ben und Uli freuen sich, aber Alex fragt sich: „Wie bringe ich das nur meinem Vater bei?“

Als Alex am nächsten Morgen nicht in der Schule ist, machen sich Uli und Ben Sorgen. „Hat er etwa zu Hause Ärger bekommen?“ Nach der Pause kommt er dann aber doch noch zum Unterricht.
Er grinst Uli und Ben an und zeigt ihnen einen erhobenen Daumen.
Das ist ein gutes Zeichen.

Nach der Stunde erzählt Alex alles: „Ich bin mit meinem Vater zum BIZ gegangen. Erst wollte er nicht, aber dann hat er es doch gemacht.
Der Typ[1] war total nett.
Er hat meinem Vater Mut gemacht.
Der kann jetzt eine Weiterbildung machen und hat dann ganz gute Aussichten auf einen neuen Job[2].
Mein Vater war hinterher supergut gelaunt. Er hat mich sogar vor allen Leuten umarmt. Peinlich! Und er will uns zum Fußball einladen, wenn er wieder eine Arbeit hat.“

[1] Typ = Tüp / [2] Job = Djob

Beantworte die Fragen in ganzen Sätzen.

1. Was wollen Uli und Ben am Wochenende unternehmen?

____

____

2. Wie lautet Alex' Spitzname?

____

____

3. Woran merken Uli und Ben, dass mit Alex etwas nicht stimmt?

____

____

4. Was hat Alex für ein Problem?

____

____

5. Wie hat sich Alex Vater verhalten, als er seinen Job verloren hat?

____

____

6. Wen wollen Uli und Ben um Hilfe fragen?

____

____

7. Wofür steht die Abkürzung BIZ?

8. Wo erhält Alex' Vater einen Termin?

9. Was hat der Berufsberater Alex' Vater vermittelt?

10. Wie geht es Alex' Vater zum Schluss?

Kreuze die richtigen Antworten an.

Achtung: Manchmal kannst du auch mehrere Antworten ankreuzen!

1. Was wollen Uli und Ben am Wochenende unternehmen?

- ☐ Auf ein Konzert gehen
- ☐ Sich mit Freunden treffen
- ☐ Zu einem Fußballspiel gehen

2. Wie lautet Alex' Spitzname?

☐ Stimmungskanone ☐ Zappelphilipp ☐ Quasselstrippe

3. Woran merken Uli und Ben, dass mit Alex etwas nicht stimmt?

- ☐ Er kaut an seinen Fingernägeln
- ☐ Er ist schlecht gelaunt
- ☐ Er redet kaum noch
- ☐ Er redet andauernd

4. Was hat Alex für ein Problem?

☐ Er hat Hausarrest ☐ Sein Vater ist arbeitslos

☐ Er bekommt kein Taschengeld mehr

5. Wie hat sich Alex' Vater verhalten, als er seinen Job verloren hat?

- ☐ Er hat viel unternommen
- ☐ Er hat viel Zeit mit Alex verbracht
- ☐ Er hat seine Familie angeschrien
- ☐ Er hat nur noch auf dem Sofa gesessen und gejammert

6. Wen wollen Uli und Ben um Hilfe fragen?

☐ Herrn Albrecht ☐ Ihre Eltern

☐ Den Berufsberater

7. Wofür steht die Abkürzung BIZ?

- ☐ Bürgerinformationszentrum
- ☐ Berufsinformationszentrum

8. Wo erhält Alex' Vater einen Termin?

- ☐ Im Sozialamt
- ☐ Im Bürgeramt
- ☐ Im Berufsinformationszentrum

9. Was hat der Berufsberater Alex' Vater vermittelt?

- ☐ Einen neuen Job
- ☐ Eine Weiterbildung
- ☐ Ein Informationsheft

10. Wie geht es Alex' Vater zum Schluss?

- ☐ Er ist skeptisch
- ☐ Er ist misstrauisch
- ☐ Er ist gut gelaunt

Hoffnungslos?

Es ist Freitagmorgen. Uli und Ben freuen sich auf das __________.
Sie wollen mit ihrem Freund Alex zum _______.
„Ich komme _____ mit!“, sagt Alex brummig.
Uli und Ben wundern sich. Alex ist schon die ganze Woche ________ drauf.

Trotzdem wird das Wochenende toll. Uli und Ben sind die ganze Woche ___ gelaunt. Nur Alex’ Laune ist immer noch nicht ______.
Sonst redet er andauernd und ist immer zu Späßen aufgelegt.
Da ______ etwas nicht ...

Es ist wieder Freitag und die Jungen wollen nach der Schule eine ____ am Kiosk trinken. ____ will wieder nicht mit.
Uli und Ben versperren ihm den Weg und fragen: „Kannst du uns nicht _____, was los ist?“

Alex ________ eine Weile und erzählt dann ganz leise, dass sein Vater vor vier Wochen seine Arbeit ________ hat.
„Das ____ wird langsam knapp.“
Uli und Ben sind _________. Sie lassen Alex nach Hause gehen.

Am Wochenende ____________ Ben und Uli miteinander.
Uli hat eine ____ ...

Montags in der ______ gehen die beiden gleich zu Alex.

Sie erinnern ihn an den Berufsberater, der vor einigen ________ in der Schule war. „Vielleicht kann er deinem ______ helfen!“, meinen die Jungen. Alex ist da nicht so sicher.

Am nächsten Tag telefonieren die drei Jungen mit dem ______________. „Ich kann euch da nicht ________, aber vielleicht mein Kollege!“, sagt er und macht einen ________ für den nächsten Morgen fest. Ben und Uli ________ sich, aber Alex fragt sich: „Wie bring ich das nur meinem Vater bei?“

Als Alex am nächsten Morgen nicht da ist, machen sich Uli und Ben ______. „Hat er etwa zu Hause ______ bekommen?“ Nach der Pause kommt er dann aber doch noch zum __________.
Er zeigt Ben und Uli einen erhobenen ______.

Nach der ______ erzählt Alex alles: „Erst wollte mein Vater nicht, aber dann ist er doch zu dem Termin gegangen. Der Typ war total ____. Mein Vater kann jetzt eine Weiterbildung machen.
Dann hat er gute __________ auf einen neuen Job.
Mein Vater will uns dann zum Fußball ________, wenn er wieder eine Arbeit hat.“

Wörterliste

Hauptwörter

Fußball – Ärger – Cola – Aussichten – Unterricht – Sorgen – Schule – Geld – Berufsberater – Daumen – Stunde – Vater – Idee – Wochenende – Wochen Termin – Alex

Tätigkeitswörter

überlegt – freuen – stimmt – helfen – sagen – telefonieren – einladen – verloren

Eigenschaftswörter

sprachlos – schlecht – gut – besser – nett

Andere Wörter

nicht

Hoffnungslos?

Uli und Ben ________ sich auf das Wochenende. Sie wollen mit Alex zum ________. Aber Alex will nicht ________. Er hat schon die ganze ________ schlechte Laune. Am nächsten Freitag will er auch nicht mit zum ________ gehen, um eine Cola zu trinken.

Ben und Uli fragen, was los ist. Erst will Alex ________ sagen, aber dann erzählt er. Sein Vater hat seine ________ verloren. Das Geld wird auch langsam ________. Ben und Uli sind ________. Am Wochenende ________ Uli und Ben. Uli hat eine ________ ...

Montags erinnern sie Alex an den ________, der vor einigen Wochen in der Schule war.

Er kann Alex' Vater vielleicht ________. Am nächsten Tag ________ sie ihn an. Der Berufsberater besorgt einen ________ für Alex' Vater.

Morgens ist Alex dann nicht in der ________.

Uli und Ben machen sich ________.

Aber dann kommt ________ doch noch.

Er war mit seinem ________ bei dem Termin mit dem Berufsberater.

Der konnte ihm helfen. Alex' Vater ist wieder viel besser ________.

Er will die Jungen zum Fußball ________, wenn er eine neue Arbeit hat.

Fußball – Woche – rufen – Berufsberater – Kiosk – telefonieren – Sorgen – Schule – einladen – knapp – Termin – Idee – freuen – sprachlos – Arbeit – Alex – gelaunt – Vater – nichts – helfen – mitkommen

Hoffnungslos?

Anfang

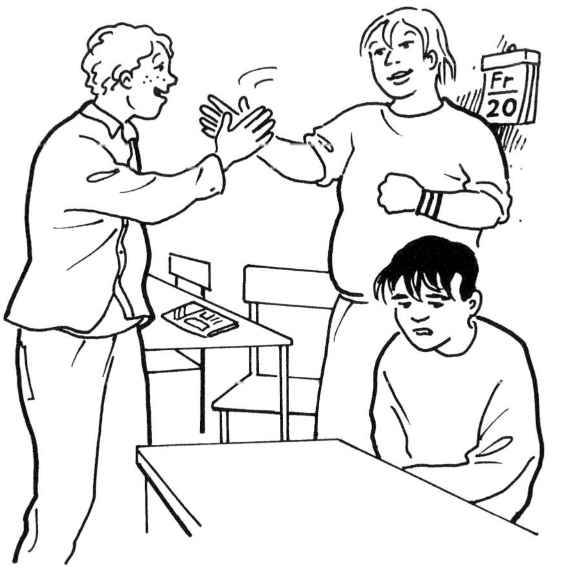

Es ist Freitagmorgen. Uli und Ben freuen sich auf das Wochenende, denn sie wollen zusammen mit ihrem Freund Alex zum Fußball.
„Ich komme nicht mit!“, sagt Alex brummig.
Uli und Ben wundern sich. Alex ist schon die ganze Woche schlecht drauf.

Trotzdem wird das Wochenende toll. Uli und Ben sind die ganze Woche gut gelaunt. Nur Alex' Laune ist immer noch nicht besser. So kennen sie ihn gar nicht. Sonst redet er andauernd und ist immer zu Späßen aufgelegt. Deshalb wird er ja auch Quasselstrippe genannt. Da stimmt etwas nicht.

Es ist wieder Freitag und die Jungen wollen nach der Schule eine Cola am Kiosk trinken.
Alex will wieder nicht und geht.
Das lassen Uli und Ben nicht zu.
Sie versperren ihm den Weg und fragen: „Kannst du uns nicht sagen, was los ist?“

Alex überlegt eine Weile und erzählt dann ganz bedrückt, dass sein Vater vor vier Wochen seine Arbeit verloren hat. „Erst hat er immer rumgeschrien und jetzt sitzt er nur noch auf dem Sofa und jammert. Das Geld wird auch langsam knapp.“
Uli und Ben sind sprachlos. Sie lassen Alex nach Hause gehen.

Am Wochenende telefonieren Ben und Uli miteinander. Sie machen sich Gedanken um Alex und seine Familie.
Dann hat Uli eine Idee ...

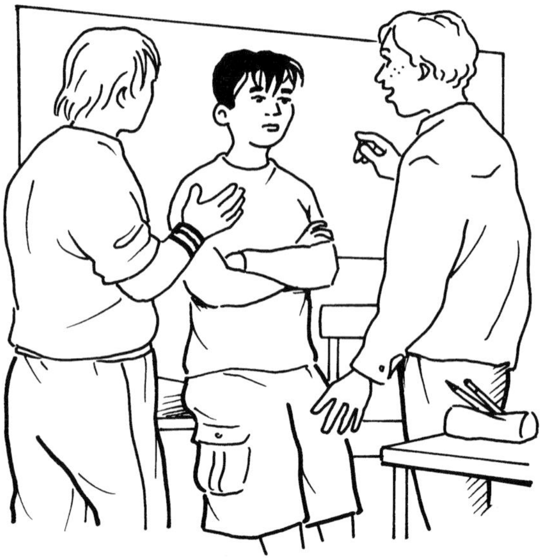

Montags in der Schule gehen die beiden gleich zu Alex. Sie erinnern ihn an den Berufsberater, der vor einigen Wochen in der Schule war. „Er hat doch gesagt, dass wir zu ihm kommen können!“, meinen die Jungen. „Vielleicht kann er auch deinem Vater helfen.“ Alex ist da nicht so sicher.

Am nächsten Tag telefonieren die drei Jungen mit dem Berufsberater. Sie erzählen ihm von Alex' Vater. „Ich kann euch da nicht weiterhelfen, aber vielleicht mein Kollege!“, sagt er und macht einen Termin für den nächsten Morgen fest. Ben und Uli freuen sich, aber Alex fragt sich: „Wie bringe ich das nur meinem Vater bei?“

Als Alex am nächsten Morgen nicht in der Schule ist, machen sich Uli und Ben Sorgen. „Hat er etwa zu Hause Ärger bekommen?“ Nach der Pause kommt er dann aber doch noch zum Unterricht. Er grinst Uli und Ben an und zeigt ihnen einen erhobenen Daumen.
Das ist ein gutes Zeichen.

Nach der Stunde erzählt Alex alles: „Ich bin mit meinem Vater zu dem Termin gegangen. Der Typ war total nett. Mein Vater kann eine Weiterbildung machen. Dann hat er wieder gute Aussichten auf einen Job. Er war hinterher supergut gelaunt und will uns zum Fußball einladen, wenn er wieder eine Arbeit hat.“	**Ende**

Hoffnungslos?

Anfang

- Uli und Ben freuen sich auf das Wochenende.
- Alex will aber nicht mit zum Fußball.

- Das Wochenende wird toll.
- Uli und Ben sind gut drauf.
- Alex hat immer noch schlechte Laune.

- Ben und Uli wollen zum Kiosk.
- Alex will wieder nicht mit.
- Ben und Uli fragen, was los ist.

- Alex erzählt, dass sein Vater arbeitslos ist.
- Das Geld wird auch knapp.
- Ben und Uli sind sprachlos.

- Am Wochenende ruft Uli Ben an.
- Uli hat eine Idee ...

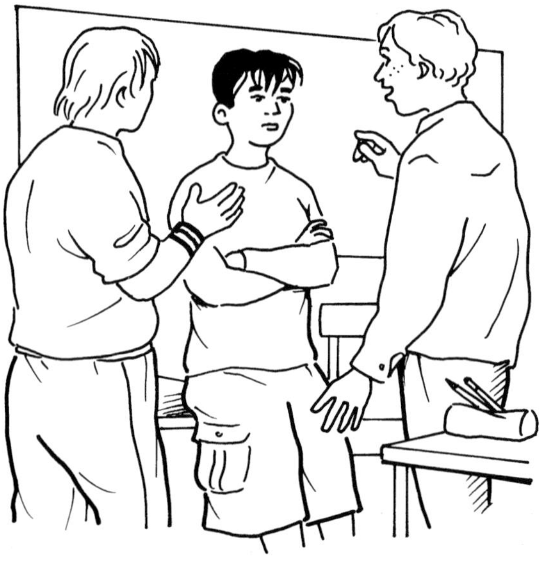

- Am Montag erinnern die Freunde Alex an den Berufsberater.
- Vielleicht kann der helfen.

- Die Freunde rufen den Berufsberater an.
- Er macht einen Termin für Alex' Vater.

- Am nächsten Tag kommt Alex später.
- Er ist gut drauf und hebt seinen Daumen.

- Alex' Vater kann eine Weiterbildung machen.
- Er ist viel besser gelaunt.

Ende

Hoffnungslos?

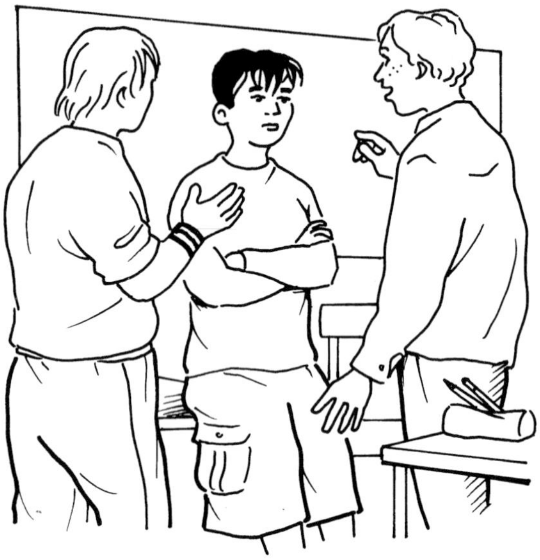

Morgen 9 Uhr
BIZ, Herr Müller
Raum 430

BIZ